JN325161

幼少期の育ちと大学教育

—感じる力が扉をひらく—

松岡　信義　著

大学教育出版

はじめに

地方の小さな短大に籍をおき、四半世紀を超えてなお、日々、短大生や併設大学の学部生を相手に講義形式の授業を担当しているが、近年、時として感じることに、私が授業において伝えようとすることが学生たちに届いていないというもどかしさがある。もちろん授業を受ける学生のすべてがそうだというのではなく、数の上からいえば一握りの者に過ぎないが、「これだけはぜひ知って欲しい」という願いをこめて示したことがらが、学生が提出したレポートなどによって、真逆に解釈されているのを認めたときなど、愕然とし、無力感に襲われる。どうしてそんなことになるのか。

しかし一方で、私は、高校へ出向いて行う「出前講義」において、その授業を受けた生徒たちが示してくれる反応に、しばしば大きな満足を覚えるという経験も併せ持つ。

この違いはどこから来るのだろう。フランチャイズの大学・短大では、講義形式の授業であれば、通常、半期一五コマを続けて行う。だから毎週毎週同じ顔の教員による同じトーンでの語り口——メッセージの提示の仕方に多少の変化を持たせるにしても——に飽きやだれが生じるからなのだろうか。その点、出前講義だと、六〇分とか九〇分という、その授業時間の一回だけで、しかも大学の教員という、知らない人種という意味で多少なりともカリスマ的衣装をまとった者による授業なのだから、適度の緊張といくぶんの興味、関心、期待をもって臨んでくれる。さらに、出前講義のテーマや内容は、往々にして、受講する生徒が関心を抱いている自分の今後の進路に関わる分野のものである場合が多いので、さし当たり興味も関心もないけれども免許や資格の取得などのために義務づけられている大学・短大の必修科目とは違うということもある。

ひとまずこのように理由づけ——根元的には、大学全入時代の学生の受講意識や情報化時代における大学での授業の意味の変化等々、より大きな要因があると思われるが——することができるかも知れない。だとすると、大学・短大に籍を置き、今後も学生に対して教育営為を続ける限り、状況の打開に向けては腰の据わった取り組みが求められよう。ただ、あえて言えば、大学・短大では、必修科目を担当している教員と言っても、当のその科目内容分野を専門に研究して来た者でない場合もあるから、そういう場合はどうしても授業への自信と迫力も専門分野を論じる場合ほどには及ばない。しかし、そうであればこそ、授業内容の組み立てを改良し、授業方法に工夫を加えるなどして、自分が学生に発したメッセージの見返りが「愕然とし、無力感に襲われる」というようなことにだけは陥らないようにしたいと思う。

そして、今ひとつ心に留め置かねばならないことがある。それは、授業展開の過程で透けて見られる学生や生徒の反応（授業内容の受け止め方）の違いは、授業以前の、日々の生活のなかでの物事に対する構えの質に大きく依存している、ということである。それはあたかも風に運ばれて飛んできた植物の種が、舞い落ちた土の質によって根付きに差異があるのと同じように、である。舞い落ちた所が肥沃な土の上と乾いた砂礫の上とではその種のその後の在り方は大きく異なるだろう。同様に、授業で何か或るメッセージを伝えようとしても、その受け止められ方は、それを受け止める側の「構え」としての、心の耕され方の度合いによって大きく異なるだろう。そうであるならば、大学・短大の教育機関にあって、肥沃な土と乾いた砂礫という固定化された条件には目を瞑《つむ》ったまま、その上に種を蒔き続けていてよいということにはならない。どの時点からでも、でき得る限り、乾きは潤されることが求められ、心が耕されることが求められる。

実は、「大きな満足を覚える」出前授業での高校生の反応と大学・短大での「愕然とし、無力感に襲われる」反応との間には、前者が単に「適度の緊張といくぶんの興味、関心、期待」によっているからであるとか、後者が単に「飽きやだれ」のもたらすものであるとかいう次元のことではなく、詰まるところは授業に対する意識のあり方に関わるものであり、根元的には、物事に対する構えや感じ方における心の耕され方の度合いによるものではないかと思っている。四半世紀を超えてなお学生に向き合い続けているが、近年、しきりにそう思う。

この思いは、私の日々の教育営為の背後を領するものであり、このことに関わって、折に触れ、書いたり語ったりしてきてもいる。それらのいくつかを集め、ここにアンサンブル的な形で示すことにした。目に留めてくださる方がいたら嬉しく思う。

なお、一冊にまとめるに当たって、それぞれの論稿等の文体を損わない限りで表記の統一をはかったが、執筆当時の状況と意識を保持するため、内容についての書き替えはしていない（初出年をそれぞれの末尾に記した）。

幼少期の育ちと大学教育
―感じる力が扉をひらく―

目次

はじめに――i

第Ⅰ部 講 演

自己を開く／世界を拓く―異文化との出会いが育むもの――2
子どもを育てるとはどういうことなのだろう――15

第Ⅱ部 随 想

感じることと学ぶこと―美作高校の姉妹校国際交流に随行して――48
ロミラの里で考えたこと ―ネパールたずね歩き――53
異文化を結び合わせるもの―紙芝居の上演体験から――61
【コラム／吉井川に流されて】――63
大学生の未来展望と生き方・アイデンティティ――64
美女大の未来を問う―いま、考えねばならないこと――81
「職員」か「教職員」か――85
【コラム／共学発信・キャンパスの風】――88
驚く心を育てる――89
遊びと教育――92
「優秀性」ということ――98
三一年目の夏に――100
【コラム／共同の意志を育む】――103

第Ⅲ部 キャンパスこぼれ花

それは、違う！――106
いろんな人種がいる――107
「ウッソー！」の中身――109
コヤギは小槍――110
伏兵をかわす――112

学生の父親――113
テンでちがう！――115
話の鉾先――116
カワイイ申し立て――118
歳とともに時間が早く過ぎるのは？――119
月が沈むとき――121
カーナビ――122
麺三話――124
人は石垣 人は城――125
教え子の立ち姿――127
コミュニケーション能力――128
学生と旅行――130
サバティカル入院――132
たまもの――133

第Ⅳ部 あいさつ・メッセージ

ごあいさつ―岡山県私学助成をすすめる会会長として――136
また、委員長になって――137
岡山私教連第四三回定期大会へのメッセージ―岡山県私学助成をすすめる会会長として――138
あいさつ―平成八・九年度文部省指定 地域に開かれた幼稚園づくり推進委員会委員長として――140
緑の財産を核とした施策を――142
原点に立ち返っての施策と運営を――143
読書案内――145

附録・対談「笑顔でおしゃべり」（小野須磨子氏との対談）――151

あとがき――167

第I部

講演

自己を開く／世界を拓く

――異文化との出会いが育むもの――

こんにちは。改めてご挨拶申し上げます。紹介いただきました松岡です。私は島根県、隠岐の生まれです。島の山の中で育ちました。言ってみれば、海のものでもあり山のものでもあるんですが、また海のものとも山のものともつかない、（笑）そういうことになるのかなぁと思います。職場での所属は、保育士や幼稚園の教員をめざしている学生たちのいる短大です。ただ、私どもの学園は四年制大学と短大が併設されており、教員は学部も短大も相互に乗り入れてやっていまして、私も学部の学生に対して卒論も担当しますし、授業も短大でもってる数と同じくらいありま す。今日はここに講師・助言者ということで声をかけていただきましたが、これは昨年、美作高校の生徒と教員が、同校が姉妹校交流をしているオーストラリアへ行くのに私も便乗して行ったことが縁となったものと思っておりま す。

さて、異文化理解ということでは本当に大きな問題がたくさんあると思いますが、私は比較文化論者でもありませんし、外国に行った経験もささやかでしかありません。先ほど伺いましたら圧倒的に英語の先生が多いわけですけれども、留学等を含めて研修旅行など、そういったことでたくさん出向いた方がいらっしゃると思います。ただ、異文化との出会いというのはそれぞれの出会いがありますもので、今日ここでのお話は私自身の体験を核にしながら日頃感じていることを提供させていただいて、これからの異文化理解の取り組みの参考にしていただければありがたい、そういう話し合いの場がもてたらいいなぁと思っております。

早速ですけれども、お手元に小《ち》っちゃなメモを用意しました。こういったことで少し話をさせていただこうと思っております。タイトルに「自己を開く／世界を拓く」というふうに添えたわけですけれど、異文化との出会いによってどういうものがその人たちの内部に育ってくるものなのか、そういう観点からお話ししたいと思います。

異世界への憧れ─山のあなたの空とおく─

さて、異世界、自分のいま居る所と違う世界に対する憧れ、これは皆さん持ってると思うんです。私ももちろんそうです。人間にとっての根元的な欲求であろうと思います。カール・ブッセの有名な詩に「山のあなたの空とおく…」というのがありますよね。実は私、先ほど紹介いただきましたように山登りが好きで、よく山に行きます。津山に来ましてから一八年になるんですが、来て最初にやったのが山登りの会をつくったことでして、その会は今でもずっと続いております。そういうことからよく山に行くんですね。仲間とワンボックス車一台に乗り合わせて、中国自動車道、名神高速道とつないで行くと八時間くらいで信州に行けます。そうしますとテント利用で山に三泊してきても一万五、六千円で済むんです。一人で行ったら六、七万円かかりますから、言ってみれば非常に安上がりということになります。ところで信州の山に限らず、会員たちは皆、山が好きなのはもちろんです。ある人がカール・ブッセの詩をもじって「山のあなたの空とおく幸い誰も見ていない」（笑）と言ったんですけど、山に行けば人の目を気にすることもなく、また日頃行なっていることを離れて自分が在る、日頃とは違ったかたちで存在する自分がある、という意識のなかで、本当にゆったりと自分を振り返れる、そういういいところがあるなぁと思います。まあ、冗談はさておきまして、カール・ブッセの「山のあなたの空とおく…」というのは、やっぱり皆、日常とは違う所、異世界に対して憧れを抱いているものなのだ、ということを美しく謳《うた》い上げたものとして広く受けとめられています。

私は島で生まれ、島の山の中で育ちました。だいたい小学校の三、四年生ぐらいまでは海をあまり知りませんでした。ところが山へアケビ採りなどで行くと、山の向こうに海が見えるんですね。その時とても不思議に思ったことがあります。山と山の狭間になってるところに水平線が見えるんですが、「何であの海の水はこっちに来ないんだろうか」と。目で見て山より高い位置に水平線がありますよね。そういった体験が非常に強烈です。また、木の実を探し歩いていますと、尾根を越えて向こうから知らない人、同年齢の子どもたちがやって来たりするのに出くわします。そういうときは緊張して対峙するわけなんですが、それでも、山の中で境界を越えて他の部落に入り込んだり知らない人に出会ったりするというのは、これは非常に興味がありますよね。そういうことがあった時は、山遊びから帰った後も気持ちが高揚しているのが自分でわかります。これも自分の知らない世界に対して潜在的にもっている期待、憧れの表れなんだろうと思います。それから、私は小学校六年まで島から出たことはありませんでした。修学旅行で初めて本土に渡りました。だいたい今から四〇年前の小学生の修学旅行の行き先というのは相場が決まっていたようです。県庁所在地です。島根県ですから松江に行きました。松江には島にはないネオンがありましてね、明滅するネオンにぼーっと見とれていたのを思い出します。そして小学校六年で初めて汽車を見たんです。それまでは映画なんかでは見ることがあったんですけど、実際に汽車を見たのは小学校の修学旅行が初めてなんです。さてそれからの三年間はまた鳴かず飛ばずで、二度目に本土に渡ったのが中学校の修学旅行です。こういう生活をしておりました。島から海の向こうを見ておりまして大山《だいせん》が見えたことがあります。島の者にとって本土は点景として見えるんです。大山の上半分が水平線の彼方に「点」となって見えるんです。「あっ、大山だ。本土だ」と。これは条件が良い時に限られるんですが、そういうふうにして海の向こうに憧れておりました。

時間は飛びますけれど、二〇歳の時に沖縄に行きました。一九七一年です。翌年返還されるという時ですからまだアメリカの施政下にあった時です。総理府からパスポートを取って行かなくてはならなかった。ひめゆり丸という船で行ったんですが、二晩を船で過ごしたあと水平線の向こうに沖縄が見えてきたんですね。今もその時の鮮烈な印象を思い出します。そういうふうに、知らない所に行くというのはやっぱり憧れであり、根源的な欲求じゃないかと思うんです。「知らないものに興味を示す」というのは、乳幼児の探索行動に始まって、人間の成長の過程を通じてずーっと見られるものですよね。異世界に対する興味関心というのは、開かれた心にあっては、そういうふうに根源的で永続的な、生きる活力になりうるものなんだ、というふうに思っています。

しかしまた、一方で「知らないから不安だ」「知らないから怖い」ということもあります。これにはたとえば鬼の棲《す》む世界などが引き合いに出されるかも知れません。たしかに鬼の棲む世界というのは私たちの日常の意識からすれば異世界です。鬼が棲んでる所というのは相場が決まっていて、たいてい山の奥とか海の向こうです。大江山の鬼とか鬼ヶ島とかね。でもこれに対しては、先におぞましい鬼のイメージが作り上げられ、そのおぞましいものを人里離れた山の奥や海の彼方の知らない世界に追いやってきたことの結果なんだ、あるいは、異境の地にあって為政者たちの意に添わず敵対する人たちに、作り上げたおぞましいイメージを被《かぶ》せて鬼にしてしまった結果なんだ、という指摘に私は納得するところが多いです。鬼と鬼の棲む世界の物語が、民話や伝承に人為的な操作も加わって繰り返されてきたことの結果、「知らない所（＝異世界）に棲む鬼」という一つの常識を作り上げたのではないかと。そういう意味で異世界に対する恐れというのがあるわけですが、そういったいわば「後天的な」観念を取り外してみれば、異世界に対する憧れというのは、私たちにとっては根源的な欲求ではないかなぁと思います。カール・ブッセの詩に謡われているような意味において、です。

異文化理解に関わる問題や課題は、異文化と接する人の数だけある

さて、今日のこの場のテーマは国際理解教育ということですから、このテーマに沿わせて異世界を外国へと横滑りさせて話を進めたいと思います。異世界の文化は異文化です。異文化への関わり方というのは個人個人でそれぞれ違うわけですよね。異文化に接する頻度も違うし、深さも違います。ですから異文化を理解する仕方というのは異文化

に接する人の数ほどあるんじゃないかと思います。ですから、何度も外国に行き、あるいは長年外国に住んでいた人が「○○国とはこういうものですよ」「××国人との付き合いはこんなふうにするものですよ」というふうには、とても私なんかには言えないわけですけれども、それでも異文化とはいろんな関わり方があり、異文化との付き合い方っていうのはそれぞれ関わる人の数だけあるということであれば、私にも一つ言えることがあるのかな、と思います。

ロミラの里で考えたこと（体験から①）

そこで、私は体験を織り交ぜるかたちで述べたいと思いますが、その前にご紹介したい本があります。（青木　保『異文化理解』〈岩波書店発行〉を紹介）実はこれ、急ごしらえで探し求めたんですが、七月一九日の出版ということですから、出たばかりの本です。著者は文化人類学者でありまして、ここにもたくさんのヒントがあります。折に触れて内容をご紹介させていただくことになるかと思います。

さて、私の体験ということですが、まず絵本を紹介するところから始めたいと思います。こういう絵本です。（金田卓也・文／金田常代・絵『ロミラの　ゆめ―ヒマラヤの少女のはなし―』〈偕成社発行〉を呈示）あそこにパネルを用意しましたが、そこにも表紙カバーを張り付けてあります。実はあのパネルは、もう一〇年ほど前になりますが、私がネパールに行った時に撮ってきたスナップ写真などを津山市役所のロビーで展示させてもらった時のものです。なぜネパールに行ったのかということですが、発端はこの絵本にあります。そこで、まずこの絵本の内容をご紹介したいと思います。実は、私はある授業で絵本をテーマにしていることもあり、学生の前で読み聞かせをしてもいますので、今日はここで私の教育実践のひとコマをお見せするということで、それをやらせていただきます。（絵本『ロミラの　ゆめ』の読み聞かせ）

こういう場で読むにはちょっと長かったかと思いますが、ご紹介させていただきました。ところでこの絵本をご存じだった方、いらっしゃいますか。恐縮ですが、ちょっとお手をあげていただけます？　おられないですか？　もう十何年前に出た本で、私、ヒマラヤの山の話が出てくるので楽しんで読んでましたら、最後のところでショックを受けたんですね。「マチャプチャレが　かがやく　ほしに　かざられる　ころ、ローディーの子どもたちは　おどりつかれて　しずかに　ねむりに　つきました。ロミラは、こんどは　どんな　ゆめを　みるのかな」で終わっています。「そうだなあ。どんな夢かなあ」と思って次のページをめくってみたら、もうそれで終わりになってたんです。あれっ？　あれっ？　クリシュナさまからまだ何ももらっていない。クリシュナさまがくれると言った贈り物はどうなった？　と思ったんです。ところが、読み返してみると、ちゃんとその場面が書かれてあるんですよね。ロミラが踊りながらステップを踏むたびに、お母さんがもたせてくれた鈴が鳴るところです。「ロミラの　あしに　つけたすずの　ねが　ステップごとに　うつくしく　ひびきます。『これが、クリシュナさまの　おくりものに　ちがいないわ』ロミラは　こころの　なかで　そう　いいながら、おおぞらを　まう　ことりの　ように　おどりつづけました」と。つまり、こんなに楽しい素敵な時間をクリシュナさまが贈って下さったのだと。なのに、私は、何ももらっていないと思っていたんです。贈り物というのは、文字通り目に見える「物」なんだと思っていた自分の気持ちの浅ましさに気づいて、愕然《がくぜん》となりました。非常にショックを受け、打ちのめされたという思いでした。

このとき感じたショックを反芻しているうちに、この物語の舞台はどんな所なんだろう、行ってみたいなあ、という思いが募って来て、それで行って来たんです。行って、この絵本の舞台となっているヒマラヤの麓を歩いて来ました。この時の私の異文化体験を、スライドを見ながらお話ししたいと思います。（スライド（一九八九年一二月〜一九九〇年一月にネパール現地にて撮影）を使っての説明）

さて、私はこの絵本に導かれて行ってきたわけですが、行ってみて初めてわかることがいっぱいあるんですね。たとえばトイレの問題にしましても、先ほどスライドを見ながらお話ししましたように、日本では考えられないような状況が出てきます。これも、いろんなところへ旅をされた方たちは、そういったことはすでにご存じかも知れません。先ほど紹介しましたこの本（『異文化理解』）にも、こんなことが書かれています。

「アジアでも、匂いの問題では日本人には耐えられないことがたくさんあります。私の経験でいうとスリランカで汽車に乗ると大変だと感じたのは、ある時便所があふれてその臭いが車内一杯にただよってしまったことでした。しかも、外では雨が降って窓を全部閉め切って走らねばならず、しかも暑いところなのでその臭いのすごさに危うく失神しかけたことがあります。これは私個人のことではなく数人一緒にいた日本人みんなに共通することでした。周りのスリランカの人たちはまったく平気でした。匂いに対する感覚が日本人とスリランカ人とでは大きく異なるのです。そういうことを体験すると、文化全体に対してこれは汚いと考えてしまう傾向が出てきます。文化の他の面ではさまざまな美しい要素もあるのに、一つのことがすべてになって異文化を見てしまいます」。

これは異文化を見るときの陥りやすい点を言っている文脈ですけれども、断片的な印象で異文化全体を見てしまう。そういったことがどうもあるんじゃないかという指摘です。今の例は匂いに関することでしたが、私がネパールで感じたことでは、たとえば「性」に関することがらへの対し方も、日本とはずいぶん違うなあという思いです。村でも町中でも、寺院の梁《はり》とか柱とか壁とか、そこらじゅうに性画が彫りつけてあるんです。透かし彫りになってるのもあります。セックスの描写の性画です。そういったのが本当にたくさんあるんです。ちょっと私たちの文化とは違うなあと思いました。

それから、貧しいけれども皆、心はきれいだ、とよく言われるんですが、現実にはなかなかシビアなこともありますね。こんなことがありました。カトマンズの町中で青年が自転車をこいでたんですが、その彼の胸のポケットから、ひらひらっと紙が舞い出たんです。路上に落ちたので見たら、一〇ルピー紙幣でした。あっ、と思い、咄嗟《とっさ》にその自転車の青年に「落ちたよ」と声をかけた途端、視界の隅を何かの塊《かたまり》がよぎったんです。向き直って見たら、なんと、数人の人だかりがその落ちた一〇ルピー紙幣に群がってるんです。自転車を止めて僕の方にやって来たその青年に「お金が落ちたよ」と言ったんですが、その時にはもうそのお金は誰かに取られてしまっていて、無かったんです。そういったことがありました。また、私がそういう目にあったこともあります。ネパールに行く直前に新調した七〇〇〇円のジャケットをザックと一緒に置いていたところ、ちょっとその場を離れた隙に盗られちゃったんです。日本であれば、財布をテーブルに置いてカウンターでタバコを買ってくるなんてことをやってるわけですが、そんな感覚ではまず駄目ですね。日本にいるときの感覚で対処しようとしてもうまくいかないことがいっぱいあります。こういったようなことを体験し、学んできました。お手元に雑誌からのコピーを用意させてもらいましたが、これはその時の私の体験を綴ったものです。ご参考になれば幸いです。

感じることと学ぶこと（体験から②）

急いでもう一つの体験を述べさせていただこうと思います。これは、先ほど申しましたが、昨年、美作高校の姉妹校交流に便乗して行ったオーストラリアでの体験です。ビデオを紹介するかたちでやりたいと思います。（ビデオ（二〇〇〇年三月にオーストラリア現地にて撮影）を使っての説明）

以上です。断片的ですけれども、これからお話しするのに必要なところをお見せしました。

さて、今のビデオでも説明しましたが、オーストラリアというのは環境保全に特に気を遣っている国です。シドニーは世界で最も美しい三つの港の一つに挙げられるということですが、行ってみてわかりました。どういうことなのか。港の後背地に緑がふんだんにあって、二階建て以上の家が少ないんです。大部分が一階建てで、その家々が樹木に埋もれるようになっていて隣の家との間隔が広くとられているんです。要するに住居とか建物のロケーションがゆったりしてるんです。だからとても美しい。これがメルボルンに行きますと、もっと豊かな緑の中にすっぽり埋まるというかっこうになります。二階建てはさらに少なくなり、建て方も、斜面を削って平地にしてから建てるんじゃなくて、斜面に沿ったかたちで建てる。ですから、玄関から「こんにちは」と言って入って行けば、だんだん下へ降りて行くようになります。いきなり地下に入って行くようなかっこうですけれど、下の階になる程すっぽりと木立の中に埋まるような、そういった建て方が印象的でした。

それから、生活スタイルや生活感情の面でこせこせしていないということを感じました。お手元のエッセイでも紹介させてもらっていますが、オーストラリアでは Go With The Flow ということをモットーにしていると聞きました。「流れとともに行け」というような意味ですね。それを生活のいろんな場面で感じました。たとえばハイウェイですが、これは一部を除いてほとんどがフリーウェイ、料金がタダです。フリーウェイですので乗り入れはどこからでも自由な上、車線幅は日本の高速道路の優に一・五倍はあるので、実にゆったりと運転できます。地道では信号があまり無く、代わりにラウンド・アバウトと呼ばれるロータリーがあります。日本の交差点のように信号でいちいち停車しないで方向転換できる仕組みです。踏切でも必ずしも一旦停止する必要はなく、目で見て列車が来ていなかったらそのまま突っ切ってよいことになってます。私たちの交通観念とはまったく違って、Go With The Flow というのが染《し》み透《とお》っているように思います。

もう一つ、オーストラリアに行ってびっくりしたことがあります。強調した別の言い方をさせてもらえば、私の意識における変革的出来事がありました。日本では太陽の一日の動きは私たちの頭上、真上を通過しないで、少し傾いた位置を移動しますよね。冬には傾きは大きく、夏でも真上から少しズレたところを通ります。そして正午に太陽の見える方向が南になるわけです。ところが、向こうだったら太陽が傾いている方は北になるんですね。日本にいる私たちは、太陽が朝こっち（左側）から昇ってこっち（右側）に動くのを見てるんですが、向こうですと逆になるんですね。太陽が一〇時にこの辺（右側）にあったのが二時になるとここら辺（左側）にあるわけです。このことを私は現地に行ってみて初めて実感をもって知ることになりました。

実はこのことは私にとって革命的なことでありまして、これまでにも二度ほど、これに匹敵する体験をしたことがあります。はじめは小学生のときでしたが、遠足の時、峠を越えて行った先の村で川の流れが逆になっているのを目の当たりにした時でした。現在の意識からすれば、何であんなに仰天したのか不思議に思えるんですが、とにかくその時はまさに世界がひっくり返ったような気持ちになったことをまざまざと思い出します。二度目は高校の物理の授業で実験をした時の体験です。真空状態になった細長いガラス管の中を鳥の羽がビー玉と同じ早さで落下したのを見て、イスからお尻が浮き上がるほど驚きました。三度目がこのオーストラリアで見た太陽の位置なんですね。これはあちらに行って初めて実感としてわかったわけです。

しかし、これとは逆に「本質的には変わらないなぁ」というところも感じました。たとえば子どもたちがリュックサックを背負って動物園に来てるんですが、何を見てるかというと、カンガルーを見てるわけです。日本で子どもたちがふれあい動物園に行ってヤギを見てるのと同じ感覚でカンガルーを見てますよね。そういった、私たちとは違う文化のなかにありながら、私たちと共通する意識や行動様式もあるということを肌で感じることができました。

さて、二つの体験を述べましたが、以上のことも踏まえながら、あらためて、異文化に身を置くことは何を意味するのかということを、私なりにまとめてみたいと思います。

異文化に身を置くことの意味

第一は、ステレオタイプの異文化観を脱するということです。たとえば日本の外のどこかの国に出かけて行き、そこに実際に身を置いて見たり聞いたりすることは、その国に来るまでに仕入れていた情報を検証することになります。その結果、なんと断片的な印象から類型的な価値づけや安易なラベル貼りをやっていたのか、ということに気づくことは少なくないでしょう。私の場合、ネパールに行く前にかなり意識して予備知識を仕入れていたものですが、実際に現地で見たり聞いたり体験したりしたことは、そういった予備知識を覆《くつがえ》してしまうほどのものでした。ネパールのトイレ事情なんてものは、一般の観光案内のパンフレットにも、ネパールを舞台にした民話や物語や小説、絵本などにも、そうそう説明されているわけではないですから、行ってみて初めて、どんな状況であるかがわかるわけです。つまり、異文化に身を置くことの意味という点では、一つにはステレオタイプな異文化観を抜け出る契機があると言えると思います。現代の世界はグローバル化が進んでいて情報が画一化してきていますが、グローバル化と情報の画一化が進めば進むほど、その流れの中にあってはますます異文化を感じ、意識せざるを得なくなっている、ますます異文化理解が必要になってくる、そういう側面があると思うんです。そういうことであれば、安易なラベル貼りやマスメディアによって増幅されたイメージを取り払う上で、その国に、その土地に身を置いてみることはとても大事なことなんだな、と思います。クイズ番組でも異文化を題材としたものが花盛りですが、あれも断片的に切り取って仕立て上げてるものがかなりあるんじゃないかなぁ。そういったことを考えてしまいます。

第二は、文化の相対性を認知することだと思います。先ほど述べました私のささやかな体験からも言えることだと思いますが、ネパールにしろオーストラリアにしろ、人々は、その国その土地の文化や生活習慣に取り囲まれて暮らしているわけですから、自分たちが接している文化や習慣こそが日常的には「当たり前のこと」であって、彼らにとっては、私たち日本人の生活習慣や日本の文化の方が「異なるもの」になるということです。ネパールの一般の家庭では、食事の時、箸やフォーク（スプーン）を使わないで食べ物を直接手で口に運ぶのですが、それは私たちが箸やフォーク（スプーン）を使って食事をするのが当たり前のように、当たり前なのです。しかも、私たちだってサンドゥイッチや手巻き寿司を食べるときは直接手で口に運んでいることを思い起こせば、ネパールの人たちの食事文化にみられる「当たり前」は、いくぶん私たちにも共通していることにも気づかされます。

また、先ほども触れましたが、日本にいる私たちには太陽が左手から昇って右手へ動いて行くのが当たり前であるように、オーストラリアでは右手から左手へと移動するのが当たり前なのです。つまり、こういうことではないかと思います。ある文化のなかで生活することによって一つの完結した意識世界ができあがる。しかし、それとは別の文化のなかで生活していれば、そこにはまた別の完結した意識世界があるのだと。そして、この相対的に独自に存在する「別の完結した意識世界」の認知は、実際にその場に身を置いてみる――生《なま》の五感で体験することで、内奥に触れるという次元において、書物や映像などによってもたらされる度合いをはるかに超えるものになる、ということです。

第三は、自らを異文化として提供するということではないかと思います。どこかよその国へ行ってその国の人たちを見るとします。それは逆に言えばその国の人たちから見られるということです。あるいは、自分がその国の文化をどのように見ているかということを見られていることになります。ですから、異文化に身を置くということは、その土地に身を置いたその時から異文化の交流が始まることになると思います。絶え間なく人・物・情報が行き交っている世界のただ中にあって、異文化理解も一方的なものであるはずがなく、度合いに濃淡はあるとしても、本質において双方向的なものであるのは当然だと思います。

第四として、相互理解の難しさを感得し、そのために異文化理解への欲求が増大するということでしょう。外国に行ってみると、言葉の問題に代表されるように、相互理解は難しいことを改めて知らされます。異文化を理解し合うというのは難しいものだと。けれども、そうであるからこそ、なんとかもっとわかりたいという、そういった思いがとても強くわいてくるものです。たとえば、ネパールに行って「ナマステ」だけでは、気持ちは通じるかも知れませんが、意思の疎通はなかなかできません。今回のオーストラリアでも、カタコトの英語で日常会話はいくらかできたとしても、ちょっと立ち入った会話にはもうついていけません。ホームステイさせてもらった家で、家人同士でしゃべってるのを聞いてると、早くて機関銃のように聞こえますし、一人残されてテレビを見てても、文化的背景がわからないから、流されているニュースだって今ひとつ飲み込めない、ということになります。たかだか二週間くらいではどうにもならず、せめて何カ月か続けてステイしなければ駄目なんだろうなと思いました。そうなってくると、日本に帰ったらもう一度英会話の勉強をちゃんとやり直そうとか、そういう欲求が増大してくる。行ってみたことによって刺激を受け、もっと知りたい、わかり合いたいという欲求を肌で感じることになります。ですから、異文化に身を置いてみることによって、潜在的にもっていた異文化への憧れという根源的な意識が活性されるということだろうと思います。

異文化に身を置くことは何を意味するかということで私の考えを述べさせていただいたわけですが、要は、ますますグローバル化して行く社会の中にあって、グローバル化すればするほど、やっぱりこれはちゃんと知らなければいけないなという問題が出てくるのであって、そこに異文化理解の必要が出てくると思うんです。異文化理解についての問題の感じ方は人それぞれであると思いますが、それぞれ自分が感じている「問題」を出し合い、解決のための方法を探り合っていくことが、新たな地平なり新たな視点なりを生み出すヒントになっていくのではないでしょうか。つたないお話になりましたが、このあとの論議の素材になってくれればありがたいと思います。

《第三四回岡山県私学教育研修会（高梁国際ホテル）にて／二〇〇一年七月三〇日》

子どもを育てるとはどういうことなのだろう

演題を「子どもを育てるとはどういうことなのだろう」とさせていただいたんですが、あえてこんな風な〝つかみどころのない〟言い方をしますのは、実は、これは私自身への問いかけでもあるんです。今日ここでお話をさせていただくに当たって、園長先生から「元気の出る話をしてくれ」と言われているんですが、正直言って、子育て最中の私自身が心もとない気持ちでいるわけですから、どうなることやら、という気持ちでいま皆さんの前にいるような具合です。ですから、〝こうすればうまくいく〟というような形ではとてもお話しはできないのですが、今日は話題を提供させていただいて、子育てについて、皆さんと一緒に考えることができたらいいなあと思っております。

「子どもを育てる」という表現

さて、そもそも「子どもを育てる」という言い方ですが、このことについて、のっけから一つ、詮索《せんさく》してみたいと思います。

実はごく最近ですが、あることに気づいたんです。この「子どもを育てる」という言い方なんですけれども、これは子どもに対して行う親の行為を表現するコトバなんですね。おじいちゃんやおばあちゃんは「育てる」とは言いませんね。「孫を育てる」とは言いませんね。せいぜい「孫の面倒を見る」とか「孫の世話をする」とか…。そうしますと「育てる」というコトバを使う関係は親―子の関係、つまり親が子に対して働きかける関係だということになります。

それから、「育てる」という字は、よく見ると、この部分とこの部分が合わさってできているんですね。これは会意文字（会意：会うことによって意味が生じる）だと言われるんですが、「子」が逆さまになっている。これには二つの説があります。一つは、逆さというのは、善くない、性質が善くない、というふうに考えることからくるものです。この下の部分は「肉」、肉月《にくづき》ということですから、性質の善くない子どもを肉付き（肉月）を良くして、つまり養育して、正しい方に導いてやる、これが育てるという意味だというものです。

もう一つの説は、生まれるとき子どもは頭を下にして出てくるのが普通である、それが自然である、あとはそれに肉付け（肉月）るだけだ、というものです。なるほどなあと思いますでしょ。

ところで私たちが使う日本語の中には「歯」とか「目」とか「手」とか、体の部分であって一音で意味を表わすコトバがあります。そしてこれらのコトバの後に他のコトバがくっついてできている「歯医者」とか「目薬」とか「手形」のような合成語があります。では、体の部分であって一音で「そ」と発音するコトバにはどんな意味があるんでしょう。そして「歯医者」や「目薬」や「手形」のように「そ」にくっつけてできる合成語にはどんなコトバがあるんでしょう。今の日本語、現代語の中で思い浮かぶものがありますか。ちょっと見当たりませんよね。ところが万葉よりこのかた見てみますと、ちゃんとしたコトバがあるんですね。ちょっと調べてみましたらね、たくさんあるんです。たとえば「背《そ》びら」というコトバがあるんですが、これは背平《そびら》、つまり背中ということですね。似たような意味で背肉《そじし》、これは背中の筋肉ということです。あるいは背《そむ》く、これは皆さんよくご存じですね。相手に背を向ける、〝裏切る〟ということ。あるいは背《そ》る、背《そ》そり立つ。こういったコトバがずーっとあるわけです。そうすると「育てる」というのはどういうことになるのか。実は、上笙《かみ》一郎さんがある本⑴の中で書かれていることをここで紹介しているんですが、上さんによれば、育てるというのは「背立《そだ》てる」ということなんだと言うんですね。

それでは「立てる」とはどういう意味なのか。広辞苑には「立つ」の意味として「事物が上方に運動を起こしてはっきりと姿を現わす」とあり、「立てる」には「事物に盛んな運動を起こさせ、姿をはっきり現わさせる」「突き出た形のものを生じさせる」とあります。そうすると、「背立《そだ》てる」というのは、〝子どもの背を上の方に引き上げる〟、どうもそういう動作を表わしているコトバのように思えるんですね。こういうふうに考えてきますと、「育てる」の語源は、成長の指標としての、何よりもまず「背が伸びる」というところにあると言えそうです。そう言えば、私たちが孫とか甥とか姪とかに何年ぶりかに会ったとき、「わあ、大きくなったなあ」と言いますが、その場合、普通には背が伸びたということであって、横に大きくなったことではないですよね。そうしてみると、親の願いとしての成長の指標というのは背が伸びることにあるんだと、そういうところに思いをかけて、親たちは子どもを見てきたということですよね。今日のテーマにも関わることですが、――育てるとは、そもそもどういうことなのか――ちょっと紹介をさせていただきました。

さて、そうしてみますと、じゃ、なぜ子どもを育てるのか、ということですが、――私たちは「なぜ?」なんて改めて問うことなどしないで、皆、無条件に子育てをしているわけなんですが――これも上笙一郎さんによりますと、私たちは未だ死ぬことを克服していない、と言うんですね。臓器移植が成功していると言っても、一個のまとまった人間を無限に生きながらえさせて行くことはできない、つまり、死ぬことが私たちにとって未だ克服できていないというわけです。そこで何が生まれたか。一つは宗教です。もう一つ別の世界を考えて、そして自分の魂をそこに置くんだということで死を観念的にそちらの方に向けさせるんですね。

もう一つは、自分の肉体は滅びても別のかたちで命を永らえるということで子どもを産む、つまり、子どもを産んで、自分の命がそこに別なかたちで生き抜いて行くのを見たい、そのために子どもを育てて行く、というんですね。だから、個体の永生が保たれるまでは子どもを産んで育てなければならないんじゃないか、と。確かに親にとって子どもは命です。親にとって子どもが命であるということは人間だけに限ったことではないのですが…。サバンナのライオンだって、産卵のために川を遡ってくる鮭だって、命を次の世代に伝えるという点では人間と同じです。生命体とは命をリレーする運動体だと言えるでしょう。

子育ての迷いの季節に

さて、今は子育ての迷いの季節と言われています。みんなが子育てについていろんなことを言います。教育についていろんな議論があります。いろんな講演会があります。小さなサークルでの話し合いから大ホールを使ってのシンポジウムまで、子育てや教育に関わって実に数多くの催しがあります。今日のこの場もそういったものの一つであると言ってもいいでしょう。で、そういった状況というのは、裏返しに言いますと、子育てがしにくい状況であると、何か問題があるから、掻き立てられるような状況になるということなんでしょうね。子育てにしろ教育にしろ、ほどほどにうまくいってるうちは別に問題にしなくていいわけですから。そうしてみると、どうもこのところ子育てをしづらい状況にある、そういうことではないかと思われます。

子どもの育ちということについて、昔は「親の背を見て」というようなことがよく言われました。もちろん今でもたびたび耳にするコトバです。子どもは親の背を見て育つんだ、ということですね。柳田国男さんが小学校にあがるまでの子どもたちの育ちのありさまを「投げ育て」というコトバで表現しています。つまり、子どもに対して特別には手をかけない、子どもは親の干渉なしに自然なかたちで育つものだ、おとなの中に混じっておとなを見よう見まねして育つ、ということで「投げ育て」とネーミングしたそうですが、今はなかなか投げ育てというだけではうまく行かない状況になってるようです。親の背を見て…というのも通用しなくなった。親の背中が見えないわけですよね。先ほどの父母会の会長さんは大学にお勤めだということですが、大学で何しているのかわかったもんじゃないですよね、子どもさんからしてみれば。会社員も同様ですよね。

ところで、この保育園では父親参観日というのがあるのでしょうか？　ない？　あっ、保護者参観日というのがあるんですね。なぜお聞きしたかというとですね、実は、なんと最近では子ども参観日というのがあるというんですよ。立場が逆なんですね、親と子が。子ども参観日には、クラスの子どもたちが、先生に付き添ってもらって父親の職場を見に行くんです。「今日はお父ちゃんがどんな仕事しているんか、見に行くんだ」「今日は子どもたちがワシを見に来るんだ」ということで、子どもはワクワクしてるけど、お父さんの方は朝から緊張しているわけです（笑）。子ども参観日に父の職場に行って初めて、「ああ、僕のお父さんはこんな立派な仕事してるんだ、こういうことをやってたんだ」とわかるんですね。そうでもしないと親の背中が見えないということなんですね。そしてまた、親の背中が見えないということに加え、もっともっと影響力の大きいものが子どもの日常生活にはたくさんあります。「親の背を見て」というのは多分長いこと言われ続けてきたコトバなんでしょうが、現在ではずいぶん事情が変わってきています。日常の生活の中に親子でのワンショットの風景が希薄になっています。今の子どもたちは一日の大部分を学校で過ごしますが、そこで同年齢の子どもたちから受ける影響にはとても大きなものがあります。家に帰ればテレビをはじめとして、マスコミその他、子どもたちに知的にあるいは感性的に影響を与える情報の提供源には事欠きません。「親の背を見て」というのは、こういったものが何もなかった時代に、そして子どもの生活の中に親が身近に感じられ、親もまた自分と子どもとのワンショットの生活風景を実感しつつ、確信をもって生きてた時代に当てはまる言い方であったと言えるのでしょう。ところが今は、親自身も「わしゃ、この先どうなるか」（笑）といった先行き不安な時代ですから、「親の背を見て」というコトバがあるではないかと言われても、「俺の背中を見ろ」と言える親が少なくなってきているのが現状です。

子育てが難しい時代だと言われるのには、一つにはこのような、いわば今日的な問題があるわけですが、同時に、たとえて言えば男と女の愛の歴史に似て、子育てというのは永遠のテーマであるわけですから、これまでいつの時代でも問題になり続けてきた、そういう意味で古くて新しい問題だということになります。この古くて新しい問題は常にそれぞれの時代と社会の影響を受けるわけですから、いつの世でもその時代に特有の課題を背負った子育てというのが出てくることになります。ですから、親子という関係がある限りずーっと「古くて新しい問題」として続いていくことになります。そういうふうに見れば、子育てをしにくいというのは何も現在《いま》だけのことではないんだ、ということになりますね。ちょっと安心するところですが、そうは言っても私たちのおかれている時代も大変な時代ですから、いろんな角度から考えて見ようということにしようと思います。

山で道に迷ったら

先ほど私は「子育ての迷いの季節」ということを言いました。実は私は山登りが好きなんですが、山に行って道に迷ったらどうするか。俗説では、水が流れている沢筋に沿って下ればよい、水は最終的には海に出る、海に出る前には集落があるだろう、だから水の流れに従って行けばよい、と言われているようです。誰が言い出したのか知りませんが、これはとんでもない無責任、かつ間違った俗説ですからやめた方がいいと思います。沢筋に沿って行けば、まず間違いなく滝にぶつかる、といっていいと思います。滝ほどでないとしても普通の人では降りることのできない岩場があります。深い山であればあるほどそういった場所の規模も大きく、出くわす数も多いものです。そこで行き詰まります。下手をすると落ちてしまいます。それに、流れに沿って行けば集落を経由して海に出るということですが、必ずしも地形がそのようにはなっていないことも多いですし、沢筋にはいつも水があるわけではありません。また、迷っている間に消耗した体力を考えれば、仮に目の前に何十時間後かには海に達するかも知れない流れがあったとしても、それに従って行くことは、まず勝ち目のない賭のようなものでしょう。

じゃあ、どうするか。逆なんです。尾根に登るんです。高い所へ登って、今まで自分が歩いてきたところを振り返って見通して見るんです。迷い込み始めたのはどこら辺だったのか、当たりをつけ、方向を確認する。当たり前のことなんですが、これが山で迷ったときにしなければならない基本的な行動です。尾根に登り返して、見通しの利くところに出ること。救助に来た人も、迷った人が尾根にいればたやすく見つけることができます。沢筋に迷い込んでる人は見えませんからね。ただ、疲れ切っているときに「またあそこまで登るのか」というのはきついですから、相当な覚悟が要ります。バテてしまっているときに一歩でも高みに体を動かすのは、今ここで考えるほど容易ではないんですね。こんなとき人は自分の都合のいいように、楽なほうに思いこんでしまいますから、登るよりも下る方を取っちゃうんですね。でもこれは、先ほど言いましたように、間違いですからやめた方がいいと思います。

さて、山で迷ったら尾根に登って、見晴らしの良いところに出て振り返って見ることが大事だといいましたが、子育てについても似たようなことが言えるのではないかと思います。子育てで迷っているときにも、やはり立ち止まって考えてみるということが大事ではないかと思います。ただ大きな声のする方へ急いで行くのではなく、迷えば迷うほど、しばし立ち止まってこれまでの来し方を考えてみる、ということです。見晴らしの良いところに出て振り返って見るということになぞらえるならば、先人たちがやってきた子育ての知恵に学んでみよう、というのも一つの手だと思うんです。そこで、先人の知恵に学ぶということで「ことわざ」を取り上げてみようと思います。

先人の知恵「ことわざ」に学ぶ

ことわざというのは私たちの先輩たちの長年にわたる生活の知恵が詰まっているものなんですね。今から四年ほど前に厚生省が「子どもと家庭に関する実態調査」というものを行いました。これは毎年やられているものなんですが、なぜ四年前のものをわざわざもってきたかといいますと、そこに面白いことが載っているんです。子育て真っ最中の人たちに対するアンケートなんですが、「子育てについて悩みごとがあるかどうか」というのに対して「ある」

と答えた者が六割強。しつけ、健康、勉学や進学といったところが悩みごとの上位を占めてるんですが、その悩みごとについての質問に併せて、子育てに関してどういうことわざが思い浮かぶのかを尋ねているんです。それに対して、回答の多かったものから順に九つのことわざが列挙されているので紹介しましょう。

まず第一に挙げられているのが「子を持って知る親の恩」です。私は母からよく言われました。「子どもは三人いて、初めて親の苦労がわかる」と。だから、どうしても自分は三人の子どもを持ってみよう、そして母から言われたことを確かめてみよう、ということで、私には三人の子どもがいます（笑）。今のは冗談ですが、子どもは一人でも、それはもうじゅうぶん、場合によっては一人でじゅうぶん三人分以上の苦労を抱え込む親も少なくないのが現実ですから、子どもを持ってみて初めて親の苦労がわかるというのは、子育て真っ最中の者にとっては身につまされる実感だと思います。

二番目に多かったのが「子は夫婦のかすがい」です。「かすがい」がどんなものであるか、若い人たちは知らない方が多いでしょうし、このコトバ自体、耳慣れないものではないかと思います。かすがいというのは木材を組むときなどに使うカタカナの「コ」の字型をした大きな鉄の釘ですが、両方の釘先を隣り合っている木材などに打ち込んで結合するんです。子どもは夫婦を繋ぎ止めるかすがいなんだ、というわけですね。

三番目には「かわいい子には旅をさせよ」というのが出てきます。以下、四番目以降を紹介しますと、「この親にしてこの子あり」（笑）、「老いては子に従え」（笑）、「親の思うほど子は思わず」（笑）、「子孫に美田を残すな」、「家に年寄りのあるはよいしるし」、「親子の仲でも金銭は他人」（笑）と。まあ、結構シビアなものもありますが、こういうことわざが挙げられているんですね。子育てに思い迷っているときの手を止め、ふと胸を過《よ》ぎるのがこういうことわざなんですね。「なるほど、こういうことだったのか」ということになるんですね。

ことわざの意味と解釈

ことわざというものは面白いものでして、意味を取り違えて使われているものも結構あるんですね。「かわいい子には旅をさせよ」なんてのも、もともとは、旅といえば試練の連続なんですよね。何が起こるかわからない。今のようなパック旅行じゃなかったわけですから、旅に出すということは、最悪のことも考えて覚悟して出すということであったと思います。それが最近は卒業旅行ブームです。「お父さん、かわいい子には旅をさせよと言うでしょ。だから今度の卒業旅行の旅費ちょうだいよ」と来る。それをまた、言われるままに出してやる親もいるわけですけれども。そういうときには親が培ってきた人生の知恵で対抗して欲しいんですが、そういうふうにことわざが都合よく使われていることがあるんですね。

たとえば、皆さんよくご存じの「犬も歩けば棒に当たる」ということわざです。私が子どもの時に遊んだカルタでは棒が犬の頭に当たってキャンと鳴いてるような絵が描かれてあったのを思い出します。このことわざの意味は、まさにこの絵に描かれてあるとおりのこと、つまり、うろつきまわるから痛い目に遭うんだ、ということで、「物事を行う者は、時に禍《わざわ》いに遭う」という意味です。ところが、ことわざ辞典を引いてみると、例外的にこのことわざだけ二通りの意味が載っているんです。「やってみると思わぬ幸いに会う」という意味です。犬も歩けば棒に当たる――出歩いていたからこそ餌にありつけた――この場合の「棒」はさしずめペロペロキャンディとか魚の骨とか、犬にとって餌になるようなものと考えていいでしょう。

ところで、この「犬棒」のことわざだけは辞典に二つの解釈が載ってるんですが、他のことわざに二通りの意味をもたせている辞典はありません。少なくとも僕はそのような辞典を知りません。ということは、「犬棒」も最初から二つの意味があったのではないという気がします。最初はどちらか一つの意味であったけれど、いつの間にか新しい意味が加わってきたと思うのです。このことを推測させる状況があります。「情けは人の為ならず」ということわざです。これは皆さんよくご存じだと思うんですが、「人に情けをかけておけば、めぐり巡って自分によい報いが来る」というのがこのことわざの意味ですね。いま私はここで困っている人の手助けをしているんだが、大阪に出ている娘もきっと誰かの世話になってることだろうなぁ、というように、とかくこの世は助け合いなんだというのが本来の意味で、辞典にもこの意味しか載ってないんです。ところが、日ごろ僕は学生相手に授業をしていますから、聞いてみました。ほぼ一〇〇人の学生に、このことわざの意味はどういうことなのか、と。すると八割以上が違う解釈をするんです。情けというのはむやみにかけたらその人のためにならないから、かけてはいけない――これが八割以上の学生の解釈です。辞典を調べてもそういった意味は載ってませんが、すくなくともいまの若い世代ではこういう意味で通っているんです。そして、なおかつ面白いことには、そういう側面も確かにあるんですよね。安易に情けを掛けると、いつまで経っても自立心が育たず、その人をダメにするから、むやみに情けをかけてはいけない。これも現実の問題として確かにあるわけです。そうしますと、何年かすると「犬も歩けば…」に二つの意味があるように、ひょっとすると「情けは人の為ならず」も、ことわざ辞典に二つの意味が書かれるようになるかも知れません。

ことわざを見ていくと、別の点で面白いなぁと思うことがあります。それはお互いに反対の意味をもつことわざが必ずと言っていいくらいある、ということです。たとえば、「果報は寝て待て」ということわざがありますね。ところが、一方で「虎穴に入らずんば虎児を得ず」というのもあります。「果報は寝て待て」というのは、何もしないで炬燵にでも入って寝ていれば、良い知らせは向こうの方からやって来る、というのですね。ところが「虎穴に入らずんば虎児を得ず」というのは、これとまったく逆のことを言ってますよね。虎の子ほどの重宝なものは、それ相応の危険を冒さないと手に入れることはできないのだと言うんですから。「大器晩成」についても同じことが言えます。大器晩成――大きな器は晩にできあがるということですが、水甕《みずがめ》のような大きな器は朝から土をこね始めても完成するのは晩方、夕方になってやっとできあがるということですね。これは、子どもの頃はぼうっとしててとらえどころがない、海の物とも山の物ともつかない存在であったけれど、成長していく過程でめきめきと力を発揮し出して、しまいには大成して立派な人物になった、というような場合に使われますよね。だから、今はまだ目鼻が付いていない状態だけれども、まあ、気長に待ちましょう、ということになるんでしょうね。ところが、それに水を差すようなことわざがあります。「梅檀《せんだん》は双葉より芳《かんば》し」というのがそれです。梅檀というのは大樹になる植物で、かつ、とても香りが良いことで知られています。芳香を放っている大樹というのが梅檀なんですが、その梅檀は芽が出てすぐに、双葉のときからすでにかぐわしい香りを放っているんですね。つまり、将来大物になるやつは生まれたときからその片鱗を見せているものなんだ、というのがこのことわざの言わんとするところなんですね。そうすると「大器晩成」と「梅檀は双葉より芳し」とでは、まったく逆のことを言ってることになります。

こういうふうに見てみますと、たくさんあるんですね。「善は急げ」と言えば、いやいや「急いては事を仕損《せ》じる」とか…。なぜ、こういうように相反するまったく逆のことが言われるのでしょうか。しかも、こんな、言わば矛盾の集合体のようなことわざが「先人の知恵」であるとすると、どう解釈したらいいのでしょう。私は、ことわざというのは生活の局面、局面において、あるいは一つひとつの具体的場面にとっての真実を言い当ててきたもの、そして、同じような場面に出会うたびごとに言い当てられてきた、言わば時代を突き抜けて鍛えぬかれた生活の知恵の結晶だと思います。だから、いま乗り越えなければならない困難を前にして、自分を励ますことわざをもってくれば良いと思うんです。落ち込んでいるときにいっそう気が滅入るようなことわざを敢えて引き合いに出すことはないんです。目の前が真っ暗というときに「自業自得」（笑）とか「身から出た錆《さび》」（笑）なんてのだけに心を沈めてしまうんじゃなく、「艱難《かんなん》汝を玉にす」とか「明けない夜はない」といった方へ気持ちを振り向けることは、とても励みになるわけですから、そういう意味で、ことわざとは人生へのエールである、と思います。ことわざの役割とはそういうことではないかと思っています。

ことわざの効用と力

ことわざに興味を抱いている先生方もたくさんいましてね、小学校の五年生を担任している男の先生が、国語の授業でことわざについて話をしていて、「二階から目薬」というのはどういう意味か、と子どもたちに尋ねたんです。皆さんはどう思われますか。「二階から目薬」とはどういう意味だと思われますか。（会場から、「どうせできないこと、というような意味じゃないですか」という声）。今、「どうせできないこと」と言われましたが、まさにそういった意味なんですね。ことわざ辞典にもそんなふうに書かれています。効果のおぼつかないこと、ほとんど不可能なこと、と。だから、その先生は子どもたちにそう説明したわけです。ところが、ある子どもが「俺だったら、できる」と言ったんです。「俺だったら二階から目薬をさしてみせる」と言ったんです（笑）。先生にとって、意表をつかれた反応があったんです。あの、私は「歴史は二番手がつくる」と常々思っているんですが、誰かが何かをやりだしたとしても、フォローする人がいなければ、それでオジャンになってしまいますよね。フォローする人がいるから歴史がつくられて行く、ということになると思うんです。その教室にもいたんですね、二番手が。最初の子を仮に太郎君とし、二番手を次郎君としましょう。その二番手の次郎君が言ったんです。「俺もそう思う」と。さあ教室の雰囲気が変わり始めました。太郎君だけならまだしも、次郎君も言い出したことによって、他の子どもたちも色めきだってきたんです。太郎だったらやれるかも知れない…と。教室のざわめきがだんだん大きくなって、とうとう収拾がつかなくなってしまった。そのうち「実験しよう」という声があがってきた。子どもは実験が大好きです。やがて「実験！実験！実験！」と、大合唱になってしまった。先生はこの期に及んでも「目薬の無駄遣いだから止めとけ」とか言うんですが、こうなったときの子どもたちはもう止められないですよね。結局、先生も折れて、実験することになったんです。保健室から目薬を持ってこさせ、太郎君が二階の窓から身を乗り出して目薬の小瓶をかざします。下では次郎君がトトロのように、こう、目をぱっちり開いて（笑）待ち構えます。皆が、まさに固唾《かたず》をのんで見守るなか、見事、目薬は次郎君の目に入ったというんです。ヤッター、入った（笑）と。私たち、子どもの頃にやりましたよね。足の親指の間においたビー玉に、目の下にあてがった別のビー玉を落として当てるという遊びを。太郎君はああいう遊びが得意だったんでしょうね。見事二階から目薬を入れてしまった。しかも、あろうことか、第二投（滴）も入ってしまった。さて、そのクラスでは「二階から目薬」ということわざの意味が新しく生まれ変わったんです。「やればできる」（笑）と。これは、ことわざが自分の励みになる別の意味を創り出したことになりますね。

ところで、先生方は自分の教育実践などを紹介しあうネットワークをもっているんですが、この先生も教室で起こったことのてんまつを自分たちの交流誌に載せたんです。すると、遠く離れた他県の小学校の、同じく五年生のクラスの担任がその記事を読んで、自分のクラスの子どもたちに知らせたんです。そしたら、そのクラスでも実験をしようということになったんです。ところが、そのクラスの子どもたちがやった実験では、入ることもあったけど、入らないこともあった。そこで、そのクラスでは「二階から目薬」ということわざに、またまた新しい意味づけがされてしまった。「何事も確率の問題である」（笑）と。

少し横道に外れましたが、結局、ことわざというものは、いま自分がぶち当たっている局面、子育てでいうならば、本当にこれは困った状況だというようなときに、先人がいろいろなことわざで表現してきたものの中から、自分が今おかれている状況にマッチしたもので、なおかつ自分がその困難な状況を乗り越えて行く上での励みになるものであればいい、ということだと思います。それがことわざに備わる効用の一つであるし、ことわざのもつ力であると思います。そういうふうに考えますと、ことわざというのは人生へのエールである、と思うのですが、いかがでしょうか。ことわざを引き合いに出したんですが、子育ての迷いの季節に、いちど立ち止まって、先人の歩んできたところを振り返ってみるのも大事なことではないか、ということでお話ししたところです。

子育て状況の問題ということですが、今は、先ほども言いましたように、なかなかしんどい時代になっている、と言えるんではないかと思います。どういう意味のしんどさであるかということを、たとえ話をとおして考えてみたいと思います。

ここは竹矢《ちくや》ですよね。今ここに、安来《やすぎ》まで歩いて行こうとしている青年がいます。この青年は宍道《しんじ》のあたりからこの竹矢まで歩いてきました。多少疲れてもおり、このあたりの地理に不案内である彼は、安来まであとどれくらいあるのか見当がつきません。そこで、たまたま道端の畑で野良仕事をしていたお婆さんに尋ねます。「すみません。安来までは、あとどのくらいかかりますか」と。すると、そのお婆さんは鍬を持つ手を止めて、上目づかいにその青年を少しの間じっと見ていたかと思うと、そのまま何も言わないで、何事もなかったかのように、また黙々と畑を耕し続けました。「へんなお婆さんだなぁ」と青年は思います。仕方がないので、青年は安来の方へ向かって歩き出します。ところが、青年が七、八歩進んだところで、「お兄さん」と後ろから声がかかるんです。何だろうと思って青年が振り返ります。するとお婆さんが、「安来までだったら、あと三時間くらいはかかろうなぁ」と言うんです。知ってたんだったら始めから言ってくれればいいのに…、と青年は半ばありがたく、半ば不満げにお婆さんの言うことを聞いたんです。さて、このたとえ話をどのように受け止めますでしょうか。

青年はお婆さんに尋ねました。「安来まであとどれだけかかるのか」と。しかしお婆さんはすぐには答えないで、しばらくしてから、つまり青年が七、八歩あるき出したときに答えました。「あと三時間くらいはかかるだろう」と。なぜ、お婆さんはすぐには答えないで、しばらく間をおいてから答えたのか。――お婆さんは見ていたんですね。宍道から歩いて来たというのであれば、もうすでにだいぶんくたびれているかもしれない、歩きぶりはどうなんだろうか…と。だからそれを見極めるまでは何も言わなかった。ところが、青年が歩き出したその様子を見て、お婆さんなりの確信と言いますか、お婆さんの判断として思ったんですね。この歩きぶりでみると三時間はかかるだろうと。つまり、問と答えの間に、一応の判断を出すに必要な間《ま》をおいたんですね。

「間抜けの時代」を考える

さて、現在、私たちの日常を改めて振り返ってみますと、この「間《ま》」というものが本当になくなってしまっています。私なんぞは密かに「間ぬけの時代」と呼んでみたりしているんですけれども…。こんな話があります。数学の好きな中学生の男の子がいました。彼は、将来数学を活かしていける仕事に就きたいということで、希望を持って高校へ入りました。五月になって、その子が中学の担任であった先生に手紙を書きました。その手紙にはこんなふうに書いてありました。

先生、僕、マシンにされちゃいそうです。数学の問題集、一日に一〇ページ宿題なんです。一問一問考えているようではダメだと先生が言うんです。問題見たら鉛筆が走り出すくらいでなけりゃ大学受験はおぼつかないぞ、って。中学時代のように、文章を書く機会もなくなったし、書けなくなりました。

高校に入ってわずか一カ月後に、こんな手紙を書いているんです。今日、新聞を整理していましたら、こういうのが出てきました。(「受験エリートは必要だ」という見出しの四月二五日の新聞の記事を紹介してから)この記事でも書かれているように、小学校にあがるまでの就学前教育というのは、今、非常に盛んです。大都会では幼児塾というのがたくさんありますが、なんと、岡山県では全国初の塾立の小学校ができました。今は小学校に行くようになっても多くの者が塾に行きます。だったら塾が立てている学校であれば手間がはぶけて好都合だろう、ということでできたのがこの塾立の小学校です。朝日塾小学校というのですけれど、自宅通学の子ども達といっても神戸や尾道あたりから新幹線で来ている者も少なくないそうです。幼児塾と小学校がセットになっている見本のような例です。今の子ども達は小学校に入るまでに自分の名前が書けますよね。二〇年ぶりに小学校一年の担任をした女の先生がビックリしたといいます。「ほぼ二〇年ぶりに一年生の担任になったが、クラスのほとんど全員が自分の名前をひらがなで書けるので驚いた」と。この驚く先生というのも、今どきの状況を知らなさ過ぎるという気もしますが（笑）。

子どもは皆好奇心旺盛ですから、すでに何人かが自分の名前だといって字を書いていたら、それでは自分のはどうなんだろうということで、先生や親や友達にも聞きまくっていくんですね。それで、今どきは自分の名前の書ける子は普通の状況で見られるとは思うんです。ただ、小学校の入学の時点では、やっぱり一から教えるんですね。ひらがなの一字一字から。他にも、たとえば入学の時点ですでにかけ算の九九を言える子がいる。だけどそれが何を意味するかわかっている子は少ない。また、ある幼稚園ではパソコンを使って算数をやっている。ここにその新聞写真があります。まあ、こういった状況なんですね。子ども向けの英語の教材もたくさん出ています。足を折って入院している子どもがベッドの上でそういったものを使って勉強している例もたくさんあるんですが、早期から子どもを駆り立てていく光景というのが見られます。先ほど言いました「必要な間」というものが抜かれてしまっているんです。

「温泉で孵化《ふか》させて冷房で鳴かせる」ということを、私は一五年前に初めて聞いたんですが、これは秋の虫のことを言ってるんですね。東京の地下街などでは、夏の真っ盛りの頃にスズムシの声が聞こえてきます。あれは草津温泉あたりで人工的に孵化させておいて、それを都会の真ん中に送り込んで、今度は冷房で急冷させて鳴くようにさせているというんです。それを私たちはいち早くやってきた秋の風情として受けとめる、という構図になっているんですね。ここには先に言いましたような〝間〟、自然の移り変わりのなかで虫の声が届いてくるというような〝間〟もなにもあったものじゃない。そんな状況なんですね。これが今の子ども達がおかれている状況とダブってくる、そういう感覚にとらわれるような状況があるんではないかと思うのです。柿の実が熟すにはそれに必要な時間が必要です。ところがその必要な時間を端折《はしお》っている状況、先ほどの問いと答えとの間ということで言えば、その必要な間を抜かしている状況、いわば〝間抜け〟の状況をいっぺんキチンと考えてみなければならないのではないか、私はそう思います。

時間を端折られている子育て

ところで親というものは、知らず知らずのうちに子どもに大きな期待（＝負担）をかけているものなんですね。私の子どもがお世話になっている津山市の保育園で親たちが話し合う機会があったんですが、その時にあるお父さんがこんなことを言われました。そのお父さんには男の子が二人いたんですが、そのお兄ちゃんの方が病気か何かで亡くなったんです。で、そのお父さんは残された子どもと一緒にお風呂に入りながら、こう言ったというんです。「お兄ちゃんの分まで、がんばれな」と。すると、その子どもは、しばらくの間じっと黙ったまま、何も答えないんです。そしてしばらく経ったあとで、首を横に振ってから、「ぼくは、ぼくの分だけがんばる」と言ったというんです。お父さんは「はっ」とした、というんですね。私たちが普通に言ったり聞いたりするコトバですよね、「お兄ちゃんの分までがんばれ」というふうに言うのは。ところが、私たちがそんなふうに期待することが子どもたちにとっては重荷になっていることがあるんですね。

親の期待と、それを受け止める子どもの心とはズレていることが結構ありますよね。私たちには、ともすれば、子育てを手早くやってしまおう、仕上げを早くやってしまおうとする気持ちがはたらきます。でも、やっぱり必要な時間をかけなくてはならないんです。たとえば、こんなことがあります。小さな子どもが「アンヨ」とか「ポンポ」とか言っているのを、ダメよ、アンヨじゃなくて「あし」でしょ、ポンポじゃなくて「おなか」でしょ、と言い直しをさせている光景です。コトバを話すこと自体がうれしい子どもに対して、幼児語はいけない、早いうちから正しいコトバを使わせるようにし向けなければならない、ということで保母（保育士）が率先して幼児語を使わせないようにさせる、という風潮が一時期ありました。これも必要な時間をかけてじっくり成長を見とどけようという立場や考え方からみると、時間を端折っている、促成栽培をしている、ということになるんだと思います。正しいコトバを使えるようにさせるのがいけないと言ってるのではないんです。必要な時間をかけて育てていないというのが問題なのではないか、と思います。まあ、あまり神経質にならなくてもいいんじゃないんですか。いずれ成長とともに幼児語を離れて、ちゃんとしたコトバを使うようになりますよ。短大生にもなっていながら「昨日はポンポが痛かったので授業に出られませんでした」なんて言う人はいないんですから（笑）。他にも、たとえば指しゃぶりをする子どもなんかに対しても、同じようなことが言えるのではないかと思います。子どもの指しゃぶりを「心の杖」だという人がいます。何か不安がある時に指をしゃぶるんですね。それを「ダメじゃないの」と言って、指にトウガラシを塗って止めさせる親とかね（笑）。そんなことしないで、子どもがどんな経路を通って成長していくのかということに対して、気長に構えることが必要なんではないかと思います。

子育てに熱中している若いお母さんたちのなかには「しつけ」ということに対して、気になることも多いと思いますが、「しつけ」というコトバも、もともとは、私たちが今日使っているような意味ではなかったんですね。「しつけ」のもともとの意味は、ちょうど今がその時期ですが、「田植え」のことを言ってたんです。苗代に密集して作付けられていた苗をもってきて、「これからは一本立ちするんだよ」と田に植えていく、あの作業がしつけと呼ばれていたものです。それが人間を育てることへ転用されたんですね。ところで、その転用の初期の頃は、たとえば徒弟奉公などにおいて、親方は、「こうしろ」「ああしろ」とは言わなかった。徒弟奉公の期間は長いです。じゅうぶんな間があった。そこで弟子たちは、「親方がすることを盗んでいく」という言い方がされるように、まずは見よう見まねでやってみる。そして、ある時期が来たら、今度は親方が弟子にやらせてみる。間違っていたら、「それは違う」とだけ言う。「これが基本だ、こうしろ」とは言わない。やらせてみて、間違っていたら「そうじゃないよ」と言うだけなんです。そうすると弟子は工夫を重ね、あれこれ試行錯誤して、ずいぶんと時間をかけて、ということはじゅうぶんな時間をかけて、少しずつ技を会得していく。やらせてみて、矯《た》める。これがしつけの元の意味であり、やりかたであったというんです。ですから、始めから何か決められた型のようなものの中に押し込んで行くということではなかったことになります。しつけの過程には、もともとはじゅうぶんな時間が、つまり、あれこれやらせてみるに必要な間がじゅうぶんにあてがわれていた、ということです。身偏に美と書く躾《しつけ》という字は室町時代につくられた和製漢字だということですが、もともとの意味は「やらせてみて矯める」ということであったわけです。やらせてみるまでの時間を含めて、しつけにはじゅうぶんな時間が保障されていたのです。そのじゅうぶんな時間というのがいつの間にか端折られてきて、親の理想とするところを子どもに早く身につけさせようとしてあれこれ言っている、という状況であると思います。

子どもを見る目—「枠」と「枠組み」—

では、私たちはどんなふうに対応していったらいいのでしょうか。このことに関わって、「子どもを見る目」ということで、ちょっとお話ししたいと思います。一言で言うならば、「枠をはめる」のではなく「枠組みで見る」ということになるだろう、ということです。枠と枠組み—似たようなコトバに聞こえますが、内容はずいぶん違うんです。

この保育園は築三〇年ということですが、いつか園舎の外壁を塗り替えることがあるかもしれません。そういうときに木とかパイプとかで足場を組むことがあると思います。その組まれた足場みたいなものが「枠組み」であると思ってよいでしょう。つまり、仮に設けはするけれども、やがて取り外されるものであるということ、ある目的のために添えられるけれども目的そのものではなく、目的に応じて組み替えができるもの、こういうものが枠組みです。枠組みとして設けたはずなのにいつの間にか本組のようになって動かなくなってしまうと、これはもう枠組みではなく、「枠」ということになります。枠になるともう取り外しはできなくなります。私が中学生のときに、美術の先生が両手の親指と人差し指で長方形の窓をつくって、その大きさを自由に変えながら構図の取り方を示してくれたのを思い出しますが、あのようなイメージだと思います。いつかは取り除かれる仮の支え、対象に応じて自由に拡げたり狭めたりできる窓。これが枠組みということです。「子どもはこういうものである」というふうに決めつけてしまったら、それはもう枠をはめているのだ、ということになるのだろうと思います。だから、枠ではなく枠組みで、つまり取り外しの利く見方で見ることが必要ではないかと思います。私たちが子どもを見る目を柔軟に保っていくということであれば、自分が親たることを常に問い直していくということにもなってくる、と思います。親たることを問い直すという過程―これが「子育ては共育だ」というコトバの意味するところであろうと思います。子育てをする事をとおして自分も成長していくということ、言い換えれば、子どもが育っていくのに対応して親として育っていくことになるのだと思います。そういう意味での共育、すなわち〝子育ては親育ち〟ということになると思います。

子どもを見る目を固定してしまわない、ということを言いました。ここはわかたけ保育園と言われますが、たとえて言えば、子どもは筍《たけのこ》みたいなものだと思います。弱いようで、強い。そして、強いようで、弱い。軒下から生え出てくる筍は爪をたてれば爪痕がつくような柔らかさを持ちながらも、縁側の敷き板を突き破って生えていきます。そういった意味では弱いようで強い。シュンシュンと伸びていきます。でも、生え出たばかりの筍を採ってきて土間に転がせておき、うっかり踏みつけようものならグシャッとなってしまう弱さも持っています。子どもも同じだと思います。弱いようで強い、強いようで弱いという両面を持っている存在だということです。筍のような子どもたちを前にしたとき、私たちも柔軟でないと対応しきれなくなっていくのではないかと思います。親やおとなが子どもを見る目は、枠ではなく枠組みという、取り外しの利く柔軟な目でなくてはならないと思います。

感じる心―「心田を耕す」―

さて、「子どもを見る目」ということでお話ししてきましたが、いっぽう子どもは、私たちが彼らを見ている目も含め、親やおとなが言ったりしたりすることや身の回りに起こることがらをしっかり感じ取っています。「感じる心」と言いましょうか。この感じる心は子どもの中で加速度的に豊かになっていくものです。

作家の水上勉さんのお父さんは墓地のそばに「装具一式」という看板を出して大工仕事をされていたということです。そして頼まれれば墓穴も掘ったということです。あるとき死人の知らせがあって墓地に墓穴を掘ったとき、その穴の中に当時五歳だった勉少年を吊り下ろしたというんです。椿の木の根にゴツゴツ頭をぶつけながら、穴の下の方まで下ろされて少し目が慣れてきたとき、一つのシャレコーベが勉少年の目に見えてきた。その時、お父さんがこう言ったというんです。「いいか勉、明日この穴に埋められる『三下《ママ》』も、県知事さんも町長さんもシャレコーベ一つ残してみな土に帰んなさるんだ。人間は皆平等だ」[2]と。このコトバが水上少年の心にずっと深く印象として残ったということです。水上さんはそのことを「心田を耕す」というふうに表現されています。「私は五歳のときに私の父親によって私という『紙縒《こより》』の根っこの方に『心田』を耕してもらったのです。この『心田』からその後、さまざまな経験を吸い上げて、『紙縒』の上の方で幾つかの果実をつけたのです。『雁《がん》の寺』『越前竹人形』『越後つついし親不知《おやしらず》』『離れ瞽女《ごぜ》おりん』『石よ哭《な》け』などがそれです」[3]と。この水上勉さんのお話のように、子どもたちはこんなふうにして耕してもらった「心田」を持って大きくなっていくんですね。

保育園でも絵本とか物語などを読み聞かせる機会があると思います。もちろん、家庭においてもでしょうが、たとえば絵本好きの子どもであれば、実に夥《おびただ》しい数の絵本を読んでいくようになります。一日に三冊の絵本を読む。これはへっちゃらですね。単純に計算したら一年間で一〇〇〇冊、小学校を卒業するまでには膨大な冊数になります。そういうふうにして、〝心田を耕されて〟来た子どもたちが、たとえば中学校で、絵本なんかには興味もなくあまり読んでもこなかった受験エリートの先生と向き合ったときに、オカシナコトが起こり得ることもあるんではないかと思うんです。私たちおとなは、子どもの頃に感じた瑞々《みずみず》しい感覚をずいぶん失ってきています。たとえば、皆さん多くの方が経験されたと思うんですが、ママゴトをしたとき、ゴザの上に折り畳んで座った足の甲のところに、ゴザを通して伝わってきた小石のころころした感触を思い出されることはないでしょうか。子どもたちは、たとえて言えば、あのような感触に満たされた瞬間瞬間を生きている、と言ってもよいのではないかと思います。

子どもの発想に寄り添う

おとなは、昔、子どもだった。当たり前のことですけれど、私たちおとなは、時としてこの当たり前のことを忘れてしまっているような意識や言動で子どもに向かっているようです。こんなふうに言ってる人がいます。

どうしておとなはそんなにじぶんの子どものころをすっかり忘れることができるのでしょう? そして、子どもは時にはずいぶん悲しく不幸になるものだということが、どうして全然わからなくなってしまうのでしょう?

これは、エーリヒ・ケストナーという人が『飛ぶ教室』という本のなかで書いていることです。また、サン・テクジュペリという人が、これは皆さんもご存じの方が多いと思われる『星の王子さま』という本の作者ですが、その本のはじめのところに、レオン・ウェルトという人にささげる「献辞」として、こんなふうに書いています。

おとなは、だれも、はじめは子どもだった。(しかし、そのことを忘れずにいるおとなは、いくらもいない。)そこで、わたしは、わたしの献辞を、こう書きあらためる。

子どもだったころの
レオン・ウェルトに

それから、教育に関わる人々によく知られているジャン・ジャック・ルソーという人も同様なコトバを残しています。ルソーの考え方がフランス革命を導き、また、彼の作曲したオペラの一節が「むすんでひらいて」という歌になったとも言われていますが、このルソーが『エミール』という本のはじめのところで、こんなふうに言っています。

人は子どもというものを知らない。子どもについてまちがった観念をもっているので、議論を進めれば進めるほど迷路にはいりこむ。

まあ、こんなふうに、いろんな人が、昔おとなは子どもだったのにそのことを忘れてしまっているということを言っています。

ところで、私たちが子どもの発想を大事にするというときに、よく使うのが「子どもの目の高さで」というコトバです。チャールズ皇太子のお連れ合いのダイアナさんが来日したとき、子どもたちと話をする場面が放映されましたが、あのときダイアナさんは屈《かが》んで子どもに声をかけていました。あとで新聞などは、その時の様子を「さすが保母さんをやっていたダイアナ妃だ」と、やんやの持ち上げをしていましたが、実際子どもの目の高さで…ということは、本当に大事なことですね。私も子どもと生活するなかで改めてそのことに気づいたというか、身をもって知ることになりました。たとえば、道を歩いているとき、向かいから車が何台かやって来たとき、二台目以降の車は子どもの目の高さからではまったく見えません。子どもの年齢が小さいほど、目の前に見える世界に対してしか反応しない度合いが大きいわけですから、「後ろに続いて車が来ているかも知れない」なんて思うことができるのは、これはもう相当な経験をくぐりぬけた後で身に付くものだと思います。だから子どもの目の高さで見える、見えない、というのは空間的な意味において本当に大事なことです。と同時に、子どもの発想に寄り添うという意味もあると思います。子どもが物事に対してどんな見方をしているか、子どもの発想に寄り添ってみるということが大事になってくると思います。子どもはいろんな、驚くべき発想をすることがあります。

子どものコトバ

ここに、子どものコトバを集めた本を持ってきました。少し紹介してみましょう。(4)

おんな4さい　おとうさん　3ぶんの1って　どういういみなの？
　　　　　　　――おとうさんは、いつも夏みかんをどういうふうに、分けるかな？
　　　　　　おおきいのと　ちいさいのと　ちゅうくらいのに　わけるよ（笑）

おんな2さい　ねえ　これ　なーに？
　　　　　　　――お化粧っていうの。
　　　　　　フーン　おとうさん　おいで　かわいくしてあげるから（笑）

おとこ4さい　　――ヨーイ、ドン。
　　　　　　おとうさん　みぎあしとひだりあし　どっちがはやかった？（笑）

おんな3さい　　――ゆうこ、おもちゃをかたづけなさい。
　　　　　　パパもいっしょに　かたづけてよ。
　　　　　　　――自分のものは自分でかたづけなさい。
　　　　　　パパがかってくれたパズルなんだから　パパもかたづけてよ（笑）

おとこ3さい　（絵本を読んでやっているとき、）
――今日はこのへんでやめよう。
そんなこと　いわないで　よんでよ
それだけが　いきがいなんだから（笑）

おとこ5さい　ぼくはなぁ　みどりぐみを　そつえんしたら しょうがっこう1ねんせいに　たびだっていくんだよぉ（笑）

おんな8さい　（母が美容院から帰ってきた）
おかあさん　かおをよくみせて
ふうん　じみなかおになってるねえ（笑）

まあ、こんな調子であげられているんですが、自分の子どものコトバにも傑作なものがありますよね。私のいちばん下の子は八歳の娘なんですが、先日、とても暑くてはじめて麦茶を準備したときです。外から帰ってきたその子が麦茶を飲んで、「う～ん、やっぱり夏の味だね」と、そんなふうに言うんです。また、この子が保育園の年長児のときのことなんですが、何かちょっとした悪さをしでかしたので、私が、少しとっちめる恰好で、「どうする？　さぁ、どうする？」と詰め寄ったんですね。すると、「う～ん、とりあえず…」（笑）と言うんです。年長児でも、状況に見合ったコトバをうまくあてがえるようになってるんですね。思わず噴き出してしまいました。

こういったことは皆さんもよく経験されてきたことだと思いますが、子どもがコトバを身につけていく過程でさまざまな発想に出会います。意味の取り違えなんかもしょっちゅう起こります。やはり娘が年長のときですが、衣替えの日に、大きな声で歌いながら保育園から帰ってきました。顔の半分くらいを口にして大声で歌ってるんです。

「きょうは　たのしい　こどもがえ～」と。その時、たまたま家にいた妻がため息をついて、「あ～、お母さんもコドモ替えしたいわぁ」(笑) と。

まあ、こんなふうに取り違えも含めて楽しいこともいっぱいあるんですが、子どものコトバというのはある意味豊かで、意表を突くものがあります。また、子どもの何気ないしぐさや行いが親を喜ばせることがよくあります。こんな話があります。ある秋の日、お父さんが病気で寝ていました。五歳の女の子が縁側で絵本を読んでいました。お父さんがその子に「お天気はどうだ?」と尋ねたところ、その子どもは読んでいた絵本をお父さんの枕元まで持ってきて、「こんなに　いいてんき　なの」と言ったというんです。お父さんは、はじめ、どういう意味なのかわからなかったというんです。ところが、その子どもは、持ってきた絵本の開いたページに、お父さんの手を当てさせたんです。すると、その手を当てたところがあったかいんですね、太陽の熱で。そこでお父さんは「○○は、お父さんにお日様ををはこんできてくれたんだね」と言ってあげたといいます。子どもはお父さんにそんなふうに言ってもらったことで、多少照れくさい気持ちになりながらも、「ああ、おとうさんは　わたしを　だいじにおもって　くれているんだなあ」という気持ちになったのではないかと思うんです。

こんなふうに、子どもにとっては特別のたくらみや気負いのない、何気ないコトバや行いですが、そこには結構味わい深いことがらが含まれています。柔軟な子どもの心の表れであると言ってよいと思います。

そのように子どもが日々成長していくのに対して、私たちもまた親たることを常に問い直して行かねばならないだろうと思うのです。それが子育ては「共育」であるということの、つまり、子育てをすることで親も育つという意味で「子育ては共育ち」であるということの意味だと思うのです。

そろそろ時間が迫ってきましたので、まとめる方向で話したいと思います。これまで、子どもの状況や子育てについての問題点などにふれてきましたがそれでは私たちはどうするかということです。それには、私は、まず親やおとなが意識的に育とうとすることが大事だと思っています。親やおとなが意識的に育とうとしている姿は子どもたちの目にしっかり映ります。たとえば私たちの周りに起こっている出来事について、変だなと思うこと、不思議だなと感じることがらについて、わからないからといって打っちゃっておくのではなく、どうしてそうなるのか、なぜこんなことが起こるのか、と見極めようとする親やおとなの姿は子どもにとってとても大事であると思います。自分たち子どもを育ててくれている親やおとな自身が意識的に育とうとしている姿は、それを見る子どもたちにとって大きな励みになると思うのです。このことは、今日の子どもたちにとっての「親の背を見て育つ」ということにつながるのだと思います。

まず、おとなが育とうとすること

具体的な例でお話ししましょう。歌手でタレントのアグネス・チャンさんがいますね。彼女は多方面で活躍されていますが、大学の講師でもあります。信州大学経済学部の客員講師として、学生を前にして講義をしています。専門は「異文化コミュニケーション論」といったようなことであると言われますが、一九八六年九月に信州大学で行なった講義は「日本の情報社会は本当に豊かか」というものでした。その講義録の全文が『ウィークス』という雑誌に掲載されています。（月刊『ウィークス』一九八八年一一月号）そこで面白いことを述べているんです。

アグネス・チャンがＮＡＳＡに行って、ある施設の責任者（将軍）にインタビューをしてるんです。彼女がある部屋でマイクを片手に将軍にいろいろ質問します。ところが、その部屋にはアグネス・チャンと将軍とのやり取りをモニターする人が五人いるんです。五人とも壁に向かって座り、レシーバーを耳に当てて、インタビューの内容を聞き取っているんです。こういう状況のなかでのインタビューです。アグネス・チャンが「立派な施設ですねー。将軍、この施設はどういう機能を持っているんですか」と聞きます。それに答えて、将軍が、「この施設の機能ですか。それは核…」と、言った途端、モニターの一人が手を挙げて、「ストップ。将軍、表現を変えて下さい」と、将軍の発言を規制するというんです。するとその将軍は、途端にしどろもどろになってしまって、可哀想なくらいだったと言うんですね。それでも何とかインタビューをやり終えました。五人のモニターたちはファイルを手にして部屋から出て行きました。アグネス・チャンが、「将軍、あなたも大変なんですねー。」と言ったら、将軍は、「ええ、そうなんです。実は我々がここでやっていることの九七パーセントは部外の者に喋ってはならないことなんです」と言ったというんです。NASAでやられていることの多くは軍事機密ですから、マスコミのインタビューなどで迂闊《うかつ》なことを喋ってはならないように、厳重にチェックされているわけです。日本にいる私たちはそういう緊張感はすっかり薄められていますから、さあ、NASAの発表だということで額面通りに受け止めるわけなんですが、実際にはこの将軍の言うように、重要なことのほとんどすべては知らされていないということなんです。たった三パーセントの、言ってみればどうでもいいような、毒にも薬にもならない情報に飛びつき、それを鵜呑みにして伝えているということになるんでしょう。テレビ、新聞、ラジオ等々がみなこぞって同じ内容のことをとりあげ、伝えているということでもあります。そして日本にいる私たちはそれで知ったようなつもりでいるということです。実際は、状況はまったく違うんですね。

アグネス・チャンが日本に来たとき、「この国は何かを隠している」と、まず最初にそう思ったと言っています。どの新聞をみても同じことを書いている。テレビやラジオも同様です。最近では「新聞の朝刊早番です」ということで、深夜に、テレビが明日付けの新聞記事を紹介していますが、テレビを見ていれば何も目新しいことはないわけです。アグネス・チャンにとって、このような状況はとても不思議で納得がいかない、というのです。「この国は何かを隠している」と。香港の自宅で彼女は五つの新聞を読んでいたと言います。その五つの新聞はそれぞれが違う主張をしていると言います。それぞれ個性のある新聞を五つ取り寄せて読み、週刊誌も読み、それでもわからないときはお父さんと相談して、そして自分の考えを決めると言います。以前に「愛は地球を救う」というアフリカを舞台にした二四時間番組がありましたが、その時の司会をアグネス・チャンが受け持ちました。その時も、アグネス・チャンは「私はこのままでは受けられない。自分の目で確かめてからにします」ということで彼女はアフリカに行きました。取材して回っている自分の車に子どもたちが群がって来て、窓枠にもたれかかります。その子どもたちの手が窓枠から離れたあとには膿《うみ》がべっとりついている。彼女はそんな子どもたちを自分の腕に抱き、状況を肌で知って行きます。そんなふうにして確かめてから決断するんですね。「これなら私にもキャスターができる」ということで引き受けたと言います。こんなふうにして、アグネス・チャンの場合は、自分が行動するに当たってはいろんな方法で最後まで情報を集めて、見極めて、そして決定するということです。

事実よりも情報が先にやってくるというのは今に限ったことではないのですが、今日ではその度合いがますます激しくなっています。そして、実体がよくわからない状況のなかで行動が急かされることが多くなっています。よほど意識的でないと流されてしまいます。ですから、意識的に学ぼうとするかしないかで随分違いが出てきます。親やおとなが意識的に学ぼうとする姿が子どもたちの目にふれること、それが現代風の「親の背を見て」ということになるんではないかと思います。まず私たちおとなが、親が、育とうとすることであると思います。

遠いところを見て、子どもに向きあって

さて、いよいよ最後に言いたいのですが…。

四年前、私の住んでいる津山に一人のアメリカ・インディアンがやって来ました。デニス・バンクスさんという方です。アメリカ・インディアンというのは、皆さんご存知のように、白人に追い立てられて「居留地」という限られた場所に押し込められてしまっている人たちです。バンクスさんは、自分たちが押し込められている居留地で採掘さ

れたウランが広島の原爆に使われたということで広島に行き、その帰りに岡山県の人形峠にある動燃（動力炉・核燃料開発事業団）の核施設を見に来たのです。そして、そのついでに津山に立ち寄ったということでした。彼はアメリカでは解放運動のリーダーですが、そのバンクスさんを囲んで、アメリカ・インディアンの考え方や文化を知る楽しい夕べのひとときを過ごしました。その時に、彼からこういうことを聞きました。「我々は、何かものごとを決めるときには、七世代先の子どもたちの幸せを考える」と。つまり、バンクスさんたちアメリカ・インディアンは、七世代先の子どもたちが幸せでいられるのだろうか、ということを考えて目の前の決定をするのだと。

いま、二〇世紀の終わりにさしかかっています。まさに世紀末ということですが、いたるところで、「二一世紀へ向けて」というコトバがかまびすしく叫ばれ、新世紀を待望する声が賑やかです。二一世紀が来る前に、もうすでに手垢がついてしまっているように感じられるほどですが、この賑々しい声を耳にしながら、私なんかは、はて、この人たちの言ってる二一世紀とは一体どのあたりまでのことを視野に入れているのかなあ、と思うことがあります。どうも、このコトバが発せられる場面を見ていると、たかだか四半世紀、つまり二一世紀の最初の二五年間くらいしか視野に入れてないんじゃないかという思いがします。かけ声だけは勇ましいんですが…。アメリカ・インディアンは「七世代」先を見据えているんですよね。一世代を三〇年として、二〇〇年です。二〇〇年先の子どもたちの幸せを見通して「今」を決定するというんです。ものごとに対するアメリカ・インディアンの慎重さといいますか、遠大な心構えに、とても学ばなければならないことがあるように思います。私たちの子育ても、効率よく仕上げるというのではなく、ゆったりと時間をかけて、そして、私たち自身ができるだけ育とうとして、遠いところを見て、子どもに向きあっていかなければならないだろうなあ、と思います。

とりとめのない話になりましたが、最後までお聴き下さり、ありがとうございました。

《わかたけ保育園（松江市）にて／一九九三年六月一日》

註

（1）上笙一郎『日本子育て物語―育児の社会史―』筑摩書房 一九九一年
（2）鈴木祥蔵『ことばを育てる―心田を耕す―』（鈴木祥蔵幼児教育選集2）明石書店 一九八九年、一五ページ
（3）同書、一四ページ
（4）ぐるーぷ・エルソル編『2歳から9歳まで　こどものことば』晶文社 一九八七年

第Ⅱ部 随想

感じることと学ぶこと
―美作高校の姉妹校国際交流に随行して―

天地が逆さまの地図

南半球の国々では、日本と違って、使われている地図の上が南で、北は下になっている…。こう言われて、そのように信じ込んでいた時期があった。この考えが訂正されてから後も、随分長い間、実際に自分で確かめるまでは一抹の疑念を巣くわせていた。パタゴニアに興味をもった際、アルゼンチン大使館の吏員にお願いして入手した数種の地図をみて、初めてその「一抹の疑念」が取り払われたのを思い出す。ところが、昨年の春、実際に天地が逆になっている世界地図を目の当たりにした。この地図をプレゼントしてくれたのは美作高校教員の鈴木昌徳氏であるが、彼は、同校が姉妹校国際交流をしているオーストラリアの学校で地理の教師をしている彼国の友人から入手したということであった。なるほど、発行元はブリスベン市の出版社となっており、地図のほぼ中央上部に位置するオーストラリアがまず目に止まる。業界筋ではオーストラリア土産の定番の一つになっているそうだが、「この地図はオーストラリア人の心意気を示したもの」という鈴木氏の言葉に頷いた。

今年で五年になる美作高校とエメラルド・セカンダリー・カレッジとの姉妹校交流に私はかねてから関心を抱き、大学・短大においてもゆくゆく何らかの試みができればと考えてはいた。そのような折りの昨年秋、生徒を引率して来られたくだんの教師夫妻を紹介され、今回の姉妹校交流でのエ校への訪問に随行する話が一挙に進んだ。

環境とライフスタイルの対話

エメラルドの町はメルボルンの東方五〇キロメートルほどに位置し、町全体が軽井沢のような感じである。ゆるやかな起伏の大地に自生するユーカリの樹間に民家が点在し、豊かな緑空間の中に全棟平家建てのエメラルド・セカンダリー・カレッジがある。日本でいえば中高一貫の中等教育の学校で一二〇〇人の生徒がいる。歓迎集会で体育館に集まった全校生徒を目の前にして、これだけの数がよくこの敷地内の建物に収まりきっているものだと不審まじりに感心した。その後、授業がほとんど二四、五人のクラスでなされており、教室の造りもそうなっているのを見て、ますますその思いを強くした。

オーストラリアでは、さまざまな意味において、環境が特に重視されている。たとえば、今回ホームステイさせてもらったところでもそうであるが、家を建てるのにあえて斜面を削って整地をするのではなく、自然の形状のままの斜面に沿って建てる。こうすることで玄関のある階から下へと階が造られることになるが、下の階になるほどすっぽりと木立に埋まるかたちになる。このように斜面に溶け込んだ、日本でいえば避暑地のペンション風な造りの民家がいたるところにある。生活の拠点を自然との対話においている様子が強く感じられた。

このことは外からの要因によって環境が乱されることへの強い警戒となって示される。国内への食料品や草木の持ち込みについては税関で厳しいチェックを受ける。シドニー空港の税関では、少しでも怪しいと見られると手荷物やスーツケースを片っ端から開けさせられる。私たち一行も半数の者がその憂き目に遭い、生徒の一人はホームステイ先へのおみやげ用にもってきていた「しめ飾りをあしらえた招き猫」のしめ飾りだけを没収された。青みがあり、穂先に実が残っている稲藁が使われていたからであった。

さて、鈴木昌徳氏の友人教師はピーター・ボンドというお名前であるが、エ校の生徒たちにジェームス・ボンドと呼ばれて人気がある。このボンド先生の授業を美作高校の生徒たちと一緒に受けたが、これが面白かった。オーストラリアの地理と歴史を講じた授業の最後のところで、オーストラリアにきて六日目になるが印象深く思っていることを一人一つずつ挙げてみよ、という指示があった。生徒一五人、引率教員二名、それに私を加えた一八人が、互いに重ならないように「気さくだ」「友好的だ」「リラックスしている」「会話を楽しんでいる」など、それぞれ一つずつ印象を述べた。挙げられたこれらの印象とそれまでの授業の内容とを結び付け、集約して、ボンド氏は、「エンジョイ・ライフ」（生活を楽しむ／人生を楽しむ）というのがオーストラリア人の典型的な信条のひとつであると述べ、「ゴー・ウイズ・ザ・フロー」という言葉を紹介してくれた。

ゴー・ウイズ・ザ・フロウ（Go With The Flow／流れと共に行け）。地平線の大地とでも呼びたいような郊外を、分離帯となる構造物やガードレールのない乗り入れ自由な無料のハイウェイを車で移動しているとき、環境と対話し自然の恵みを享けて生活（人生）を楽しむこの国の人々の幸せを感じた。

赤道を越えた「元気くん」

一昨年の台風一〇号によって吉井川の濁流に流され、九〇キロメートル離れた瀬戸内海の小島に漂着して奇跡的に救助された子牛のことが紙芝居になり、自然の脅威と命の尊さを伝える物語として語り継がれていこうとしている。元気くんと名付けられたこの子牛の命の旅を紙芝居にしよう、という呼びかけが美作女子大の教員（福田恵子氏）によってなされ、これに応えた学生たちによって制作されたこの紙芝居は、全国的なコンクールで最優秀賞を受賞したこともあって広く知られるところとなった。ところで、今回の私の渡豪のもう一つの目的は、この紙芝居を日本の外の人々に、とりわけ子どもたちに観て（聴いて）ほしい、という思いを実現させることであった。

実は、昨年九月にボンド夫妻とお会いしたとき、彼らに紙芝居の現物を見せてエメラルドでの上演の可能性を尋ねたところ、笑顔で快い返事を即答していただき、その場で渡豪の約束をしてしまったのである。英語版作成に取り掛かったのはそれからである。翻訳には本学非常勤講師のマイケル・ヴォレック夫妻が一手に引き受けてくださり、その上、上演にあたってのリーディングについて懇切な指導もいただいた。本当にありがたく、感謝に耐えない。

現地ではメンジー・クリーク小学校（三、四年生・二十数名）、アリスベリー老人福祉施設（十数名）、エメラルド・セカンダリー・カレッジ（七年生〈中学一年〉・二十数名）でという、計三回の上演機会があった。小学校では担任の先生たちにも、また、エ校では担任のほか副校長先生と事務長さん（共に女性）にも観ていただいた。小学校でもエ校でも、子どもたちからいくつかの質問も出たから、かなり興味をもって聴いてくれたように思う。上演後、上演中に、回りの大人に、紙芝居を観ている子どもの表情を撮ってくれるように依頼していたが、今その写真を眺めながら改めてそう思う。元気くんの命の旅のメッセージは南半球の子どもたちにも確かに伝わったと思う。

姉妹校国際交流の意味するもの

今回の交流研修では、ヴィクトリア州ではメルボルン大学に次ぐ名声を博しているというモナッシュ大学への訪問も組み入れられていた。学生数四万二〇〇〇人というこの大学では、まずキャンパスの広大さの点で度肝を抜かれた。標準的な日本の大学との比較でいうなら、さながら日本とオーストラリアとの国土の比較に匹敵するような感じを受けた。加えて、教育研究の施設設備も一見したところでは頗《すこぶ》る充実しているようだ。ここには立派な日本語教育研究センターがあり、幸いなことに高梁市出身のスタッフがおられて大学間の交換学生制度に関わる資料などを後日まとめて送っていただくことになった。また、特に私のために計らってもらって、エメラルドの町にある幼稚園を尋ねさせてもらい、将来の試みの一つとして学生の体験保育の機会などの可能性を打診したところ、十分な手応えを得ることができた。

このように、今回、美作高校の姉妹校交流研修に便乗・随行した私にとって望外に得るものがあった。しかし、それよりなお強調すべきは、生徒一五名、引率教員二名からなる本隊が、過去五年間にわたる姉妹校交流の実績をさらに強固なものにする上で確実にその役割を果たしているのを確認できたことである。鈴木氏とともに引率された大倉章義氏は、今回、必要な一切の器材を運びこんで書道の授業をエ校の生徒に行なった。授業の最後のところで、墨痕あざやかに「生涯の友」と大きな筆で揮毫する姿を見て、そしてその大倉氏を取り巻いている日豪の生徒の輪を見て、強くそう感じたものである。その場に身をおいて実感すること。その実感から産み出される学びの芽はしなやかだ。

私はひと足早く帰国したが、本隊は後半の交流研修をさらに充実させて、顔を輝かせて帰ってくることだろう。

《津山朝日新聞／二〇〇〇年四月一二・一三日》

※四月二日の深夜、長旅をものともせず生徒たちは帰って来た。校長先生をはじめとする教員や保護者の方々と一緒に、私もまた、一層たくましくなった彼らを美作高校に出迎えた。

ロミラの里で考えたこと
―ネパールたずね歩き―

ロミラの里をたずねて

『ロミラの ゆめ』（金田卓也・文／金田常代・絵 偕成社）という絵本がある。ヒマラヤの小さな村で、自然のサイクルにあわせて生活をおくる人々の素朴な喜びが、水がめにたたえられる水のように、静かに満ちているのを感じさせる物語である。

ロミラはこの物語の主人公。小鳥やヤギやハヌマン（猿）を友だちにして、ロミラはマチャプチャレの見える丘で生き生きとゆたかに暮らしている。ある日、野原で眠りこんだときに見た夢のなかにクリシュナさまがあらわれて、ロミラにおくりものをするという。そのおくりものとは…。

僕にとってヒマラヤはあこがれの地、いつかは…と遠い想いを抱いてはいたのだが、昨年末の思い立ってのネパール行。きっかけは、ロミラの里をたずねたい、というものだった。

子どもの絵を交換しよう

せっかく行くのだからということで思いついたのが、子どもの絵を取り替えっこしてくることはできないか、ということであった。そこで、最初に美作女子大附属幼稚園に、次に同じ津山市内にある福岡保育園にお願いして、年長児に描いてもらった絵を持って行くことにした。

モヒタに会いたい

さて、あす成田を出発するという日、偕成社に問い合わせて『ネパール／モヒタの夢の旅』という写真絵本の作者、渡辺眸さんに電話をした。カトマンズに住んでいるこの女の子に会ってみたいと思ったからである。渡辺さんのお返事は「突然に行って（訪問して）、いいと思いますよ」と、淡々としたものだった。

そんなわけで、ロミラの里をたずね、子どもの絵を交換し、モヒタに会おうと決心して出かけた。もっとも、会の仲間には、いずれヒマラヤ登山をやるための偵察だと言い、妻と子どもたちには、「いつかみんなで行くために父ちゃんは下見に行ってくるけんな」と言いおいてはいた。年休をまとめ取りし、全額借金してのほぼ一カ月の飄然《ひょうぜん》とした旅であった。

寒帯から亜熱帯まで

国土の三分の二が標高三〇〇〇メートル以上の山岳地帯だと聞いていたので、冬ともなればさぞかし寒いだろう、という一般的な感覚（ではないだろうか）は、現地に行ってみて、やっとのこと、そうではないのだという実感となり得たのだった。

いちおう冬であったから、カトマンズの街なかでも、朝方、零度くらいになる日もあったものの、乾季のこの時分に雪が降ることはまず無いということである。盆地のまわりの山が雪を冠ったときなど、何年ぶりかと話題になるほどだそうだ。

そればかりか、あらためて緯度を確かめると、ネパール全土は種子島以南に位置し、南部のタライ平野ではバナナも実る。北海道の二倍ほどの面積をもつネパールは、八〇〇〇メートルの巨峰と氷河の寒帯から、氷雪は夢物語である亜熱帯までの風土と生活が展開するのである。

働く子どもと働けないおとな

ネパールは世界の最貧国の一つに数えられている。国連は世界で特に〝貧しい国〟の指標として、①内陸国であること、②後発開発途上国であること、③インフレと石油価格高騰の影響をもっとも強く受けた国であること、をあげているが、ネパールはそのすべてに該当している。

地方の村ではもちろん、首都カトマンズでも普通に見られたことであるが、たくさんの子どもたちが働いている。なかには親元をひとり遠くはなれて働いて、一カ月の収入が一〇〇ルピー（約五五〇円）という一〇歳の子どももいる。

しかし、それよりもっと強い印象は、じつに多くのおとなが働いていない（仕事がない）ということであった。朝からテーブルを囲んでカード・ゲームをするおとなたちの姿は、街中《まちなか》のあちこちに（区域によっては、そこら中に）見られたし、高等教育を受けながら仕事の見つからない若者が、その事実を語るのを聞く機会も少なくなかった。場合によっては、おとなよりも子どもの方が使われやすいかも知れない、すると、今働いている（働けている）子どもたちも、おとなになっていくにつれて仕事がなくなるかも知れない、というようなことを考えてしまうほどであった。

貧富の格差

多少の予備知識は仕入れて行ったつもりだが、ネパールの現実は強く胸にやきついた。ネパールの一人あたりの年間国民所得の平均は一六〇ドル、日本円にして二万四〇〇〇円である（日本の一人あたりの年間国民所得は一万四〇三九ドル、二一〇万五八五〇円）。山村で会った男の人が担いでいた荷物は、抱えさせてもらった感じでは、ゆうに五〇キログラムはあったのだが、それを上り下りのはげしい山道を一日中担ぎ運んで得る報酬が四五ルピー（約二五〇円）という現実であってみれば、山あいの子どもたちにとっては、文字通り、鉛筆一本紙一枚すら自由にはならない。

一方、数は少ないながら裕福な人々も、もちろん、いる。今回、カトマンズなどの幼稚園を訪ねる機会があったのだが、この幼稚園にしても誰もが行けるというわけではない。幼稚園はほとんどすべてが私立なので、行くことのできる子どもたちは、当然限られてくる。一定以上の生活水準、要するにある程度お金持ちの家の子どもでないと行けないのである。だから、幼稚園に行けない子どもの方が圧倒的に多い。しかも、幼稚園では外国人による英語教育が行われている場合がかなりあり、貧富の格差が教育機会の格差を増大するようになっている。カースト制度ともかかわる、労働の機会や貧富の格差の問題を目の当たりに見ることになった。

“原点を見る”

カトマンズの旧王宮広場をはじめとする観光地はもちろん、路地裏のバザールやバスの停留所などにおいても普通に見られたことであるが、物を買うときの値段が買い手と売り手の交渉しだいだということには、最初、少なからず当惑した。しかし考えてみれば、ある品物が高いということは、その人が、それだけのお金を払ってまで買う必要はない、と思う価値判断にほかならないわけだから、買い手は、それは高い、この品物はもっと安くすべきだ、ということになるだろう。しかし相手のいることだから、そのまま買い手の言うとおりにだけなるわけではない。売り手には売り手の価値判断がある。そんなに安くしてまで売る必要はない、となる。こうして、買い手と売り手が、お互いもうこれ以上は譲れない、というところまで歩み寄ったところで値段が決まるのだ。

タクシーの料金にしてもこの方式である。日中、市内のタクシーはメーターをつけているのだが、夜間は自由交渉で料金が決められる。また、日中でも長距離の場合は交渉によっている。これはなにも観光客だけを相手にしての話ではなく、市内に住むネパール人に対しても同様である。

要するに、元来、ある人にとって、ある物やことがらがどれだけの価値をもっているのかということは、その物やことがらに対するその人の必要の度合いによっているということなのだ。だから、こういうふうに、当事者間のそれぞれの側からの必要度の折り合うところで値段がつけられていくのは、むしろ、自然なことなのだ。社会が複雑になっていくのに対応して、需給関係の停滞や滞貨状況を調整し、円滑にしていくために、経済の制度と機構が整備されてきた。その過程で価格を〝設定する〟という手段が講じられてきたのもやむを得ないことではあるが、日頃そうしたできあいの価格で操作されている者にとって、この経験は貴重であり、ことさら新鮮であった。まさに〝原点〟を見た思いである。

〝原点〟ということでは、乗り物についてもそうである。市内でのバスやタクシーには定員などなく、乗れるだけ乗せるのだが、特に他の町や村への移動に利用されるバスやトラックの混みようは大変なものだ。便数が少ないことにもよるのだろうが、とにかくいっぱいに、ぎゅう詰めにしてからでなければ出発しないし、それから後も停留所に停まるたびに乗せるので、ついにはバスの屋根にも乗るようになる。大小さまざまな荷物はもちろん、ヤギや鶏も一緒である。オートバイに一家五人が乗っているのも見た。とにかく、乗って行けるものには乗れるだけ乗る、というのが、これまた自然になされるのだ。トレッキングに出かけた初日に利用したジープには、なんと二九人が乗った（乗れた！）。「車とは、人や貨物の移動に供する機械」という表現がぴったりで、ワックスをかけて磨きあげたり、シートベルトを強制されるという日頃の風習が、なんとも野暮なことに感じられたりもした。

このほか、レストランでコーヒーカップに添えて出されたスプーンが、カレーやピラフを食べるときのあの大きさであったり、飲み終えたそのカップの中へ、ボーイが僕の目の前で灰皿の灰とタバコの喫いさしを放り込んで運び去ったことなど、少々面食らったこともある。しかし、スプーンの本来の用途が〝かき混ぜる〟ことにあり、カップ（器）の本来の用途が〝物を入れる〟ことであってみれば、ここにも〝原点を見た〟思いで、変に感心したりしたものだ。

考えてみれば、僕たちは、今日、止め処《ど》のない抽象化の過程を突き進んでいるように思える。事実より先に情報があり、作り手の感触の伝わらない完成された商品にとりまかれ、労働の対価としての報酬は銀行に振り込まれ、便利さと効率という一元化された価値意識の浸透に歩調をあわせたクレジットとカード依存…。どこに〝たしかなもの〟があるのだろう? 今回の旅は、日頃、気にはかけながらも、立ち止まって考える暇《いとま》もなく押し流されていく僕たちの生活を振り返ってみることにもなった。

〝生活〟と希望

チベットとの国境へ向かうべく、バラビセ行きのバスに乗った時のことである。途中、バザールに着くたびに、売り子たち（子どもが多い）がバスに群がってきて、ピーナツやゆで卵などのほか、ダイコンやブロッコリーやネギなどの野菜を売ろうとする。そしてバスの窓越しに売り買いが始まる。売り手も買い手も破れや汚れの目立つ服を着ている者が多く、売値と買値のかけあいが声高にひびく。何度かこの光景がくり返されて、バラビセに近づいた頃、隣の席に座っていた人が話しかけてきた。

その人はカトマンズに勤める郵便関係の公務員で、一カ月に一度の割りで自宅に帰るという。カトマンズとバラビセの間は三〇キロメートル足らずの距離ながら、道路事情が悪く、五〜六時間かかる。彼の家はバラビセからさらに山に入ったところにあるということも、そう頻繁には帰れない理由の一つであるようだ。もっと長期の滞在の後でなければ自宅に帰れない者も多いという。

二〇代なかばで娘さんが一人いるという彼は、ネパールには未来がない、という。人々はただ今日のために食べ、寝るだけだという。僕の腕時計を見て、いくらだと聞く。六年前に妻から就職祝いにプレゼントされたもので、二万円だというと、ため息をついて、「ネパールでは時計は高いので、自分は、ほら持っていない」といって手首をつきだした。

バラビセに着き、ロッジで寝じたくをしていると、ここで働いている青年が、瀬戸大橋などの写真入りで日本のことが書かれている雑誌を手にして入ってきた。彼は二一歳。日本に行きたいがどれくらいかかるのか、などと尋ねた後、ネパールが貧しいこと、国王がいけないのだ、彼らは贅沢のし放題だ、などと言う。

富の偏在、貧富の格差を指摘し、政治への不満と批判を語る人たちに多く会った。カトマンズの学生やインテリと話していると、いつの間にか政治や経済のことについて聞かされているということもあった。僕自身、このネパールに身を置いてみて、生活とは「生きるための活動」をいうのか、それとも人生をおくる上での「生きた活動」をいうのか、などと考えさせられ、日頃のわれとわが身を振り返らざるを得なかった。だから、ポカラの郵便局のテレフォン・ブースの内壁に次のような落書を見つけた時にも、その表現の卓抜さに脱帽しながらも、幸せな気持ちでの浮かれた気分にはとてもなれず、むしろ、〝そうであってほしい〟という願いの感情がわいてくるのだった。

Never
Ending
Peace
And
Love

この落書きをメモしておき、スルケットという西ネパールの町で会った青年に見せたら、「これはおそらく外国人が書いたものなのだろう、ネパールの現実はこんなに大変なのだから」と言われた。また別のカトマンズの青年は、スルケットの青年と同様の意見を述べた後で、「でも、いいことばですね」と嬉しそうであった。カトマンズの青年は、現実の生活と未来への希望を同時に見ていたのだと思う。

世界一深い谷を見下ろす峠で

ロミラの里を歩いてモディ川を渡り、アンナプルナI峰（八〇九一メートル）とダウラギリ主峰（八一六七メートル）を目の前にしたゴラパニ峠まで足を運んだ。

ここから眺め下ろすカリ・ガンダキ川は〝世界一深い谷〟と言われる。アンナプルナI峰とダウラギリ主峰との頂上間の直線距離は三〇キロメートルほどしかなく、カリ・ガンダキの川床は標高二〇〇〇メートルくらいだから、わずか三〇キロメートルをへだてた両側に高さ六〇〇〇メートルの衝立《ついたて》が聳《そび》え立つことになる。サガルマータ（エベレスト）やローツェなど他の八〇〇〇メートル峰が立ち並ぶクンブ地方にもこれだけの高距差は見られないから、〝世界一深い谷〟という形容は言い得て妙だと思う。

この峠の宿でローソクの灯を囲み、ロキシー（ネパール酒）を飲みながら宿泊客のイタリア人やオーストラリア人と話をしたことや、宿の子どもたちを前にして笛（リコーダー）を吹いた時の、子どもの不思議そうな表情なども心に残るものであった。ここから別のルートをポカラへ向けて引き返す山中でやっと会うことのできたハヌマン（猿）にも、なぜか懐かしさを感じた。カトマンズでモヒタの家を訪ねて会うことができたことも、幼稚園を訪ねて子どもたちの絵を交換できたことも本当に嬉しいことであった。

しかし、ネパールに来て、見、聞き、感じ、考えたことに、これからの僕自身の生きざまがどのように関わっていこうとしているのだろうか、という思い、この思いが背に担いだザックの重みに加わったようだ。この加わった分だけの重みは、旅のその後もずっと感じ続けられ、ザックをおろした今も確かなしこりとなって残っている。

《『屼群《たわむれ》』（みまさか山の会機関誌）第一三号／一九九〇年六月》

異文化を結び合わせるもの
――紙芝居の上演体験から――

私が紙芝居と最初に出会ったのは農繁期の託児所においてであり、小学校の三、四年生くらいまで、主に学校の授業のなかで見せられていたように思う。

その後、長い期間を経て、私が再び紙芝居に興味をもつことになったのは、いまから一〇年ほど前のことである。私は今も、勤めている大学で教育法規の授業を担当しているが、当時、この授業の、いかにも堅苦しい語感とイメージを和らげるために打ってつけの、タイムリーに出版された教材があった。「どんぐり山子どもの森公園」（地方自治とわたしたちのくらし）などの話を盛り込んだ小学生向けの教材「紙芝居日本国憲法」である。以来、授業の導入として利用しているが、これが紙芝居の可能性を意識しだしたきっかけであった。

このような折り、平成一〇年一〇月の台風一〇号によって、私の住んでいる津山市は、全世帯の一〇分の一が被災するという大きな災害に見舞われた。このとき、濁流に投げ込まれた生後六カ月の子牛が、九〇キロメートルも流されながら瀬戸内海の小島に漂着し、奇跡的に生還するという出来事が起こった。

一躍、時の話題となったこの出来事を、私の勤める大学の学生たちが周到な取材をもとに紙芝居として再現し、教職員もまじえて、災害の事実と命の尊さを語り伝えようと、紙芝居の上演や貸し出しの活動を続けてきている。この活動は、幸い、地域の人々から温かく迎えられ、その気持ちが照り返されることによって、私たちの活動もまた励まされるものとなっている。

ところで、この活動を通して思うのは、地域の図書館でのクリスマス会や敬老の日の公民館での上演など、紙芝居を見る年齢層はとても幅広いけれども、そこには、自然の脅威、命の尊さ、生きる喜び、自らの人生への重ね合わせ、勇気と希望など、子牛の「命の旅」への共感と、紙芝居を見るもの同士の共感が生み出されることを、上演の回を重ねるごとにますます強く感じることである。

小学生と高齢者とでは生き抜く時代も社会の意識の在り方も相当異なるにもかかわらず、紙芝居が仲立ちとなって共感が生み出される。私は、紙芝居の大きな可能性をここに見る。

一昨年、オーストラリアに行く機会が訪れたとき、私はこの紙芝居「きせきの子牛」を英訳してもらったものを携え、メルボルン郊外の小学校や高齢者施設などで上演させてもらった。

出発前のにわか仕込みのリーディングではあったが、子どもたちが画面に食い入り、耳を傾ける姿は、学生たちの上演に見入る津山市近郊の子どもたちと全く同じである。私にとって貴重なこの体験からも、紙芝居は時代と社会を結び、異文化をむすび合わせる大きな可能性を示してくれるものだと思う。

《『紙芝居文化ネットワーク』第四号／二〇〇二年三月》

吉井川に流されて

三年前の三月、西大寺の埠頭《ふとう》から、元気くんが漂着した黄島《きしま》までの漂流ルートをランチ（小型船）で辿った時、その遠さに驚嘆した。けれども、元気くんが流された全行程九〇キロメートルからすれば、海の上は二〇キロメートルほどであって、吉井川でもみくちゃにされて流された距離のほうがずっと長い。しかも川は無数に屈曲し、いたるところに瀬を配し、大きな堰《せき》もいくつかあるから、濁流の軌跡は複雑でその暴威は海上よりもはるかに厳しかったに違いない。

今年の五月の連休にこの吉井川を、単独、カヤックで下った。元気くんが濁流に投げ出された津山市郊外の石岡牧場前から乗り入れ、瀬戸内海の河口に位置する西大寺の埠頭まで、ほぼ七〇キロメートルを、途中で野宿し、二日間かけて流されてみた。

その昔、高瀬冊の船頭が恐れたという「苦木《にがき》の瀬」や、元気くんが通過できたことは奇跡としか考えられない「新田原井堰《にったばら》」など、自然や人工の障害物をよくぞ乗り越えて生還したものだとつくづく思う。二日目の午後から崩れた天候のなか、雨と向かい風と四〇～五〇センチメートルの波に抗ってパドルを漕いだくらいでは、元気くんが感じた恐怖は何もわからない。けれども、この二日間の「漂流」は、川面であるという地形的位相と私の眼球の位置の低さ――要するに視点のちがい――によって、日常生活ではまず見ることのない風景が展開されることなど、「元気くん」によって投げかけられたさまざまな、そして大事な問題をもっともっと深く考えていかねばならないようにし向けてくれた。

《『元気くんネットワーク』N0.１／二〇〇二年一〇月》

一九九八年一〇月、台風一〇号によって吉井川が氾濫し、津山市郊外の牧場から二六頭の肥育牛が濁流に投げ出された。そのうち、生後六ヵ月の子牛一頭だけが、吉井川～瀬戸内海の約九〇キロメートルを流され、牛窓沖の黄島に漂着し、生還した。この出来事は災害復旧に取り組む人々に大きな励みとなり、奇跡の子牛「元気くん」として、災害の記憶とともに語り継がれている。『元気くんネットワーク』は「きせきの子牛〝元気くん〟を活かした地域づくり研究会」の情報誌である。

大学生の未来展望と生き方・アイデンティティ

はじめに

本稿は、本誌編集者から依頼された執筆テーマをそのまま標題としているが、それは、このテーマが日ごろ筆者の胸中に去来してわだかまる関心事に少なからず触れる部分があることから、この機会に自らの関心事をこのテーマによって照射し、わだかまりの底にある想いに形を与えてみたいと考えたからである。

未来展望という営為

未来を展望するというとき、そこには「方向」の意識がつきまとう。山頂や観光地の展望台に立って景色を眺めるのとはちがって、展望しようとする未来には何らかの人為が織り込められるのを予想するからだ。山頂や展望台からは結果としての現在—眼前の景色—を眺めることができるが、未来は現前してはいない予想であり、その予想は何らかの手掛かりないし根拠を条件としている。未来展望という言葉は、航跡によって船の進路が見て取れるように、あるいはホワイトアウトの雪原で、適当な間隔をおいて標識布を結びつけた竹竿を突き立てながら進むように、振り返って見る足跡から進むべき方向を見通そうとする、そのような営為を孕《はら》んでいる。

学生の未来展望力の形成と教員

未来を展望する主体が学生であるとき、日々その学生たちを相手にしている大学教員が、学生の主体形成に少なからず影響を及ぼし得る存在であることは疑い得ないだろう。もし、大学教員が彼ら学生の主体形成に何らの関わりも持ち得ないということであれば、大学の構成員としての括《くく》りにおいて両者を語ることはできないし、本誌のネーミングである『大学と教育』も意味をなさないことになる。「大学生の未来展望と生き方・アイデンティティ」のテーマで要請されているのは、大学における教育が学生の未来展望力の形成にどのように関わるのかという問い、その問いの扉を開く試みなのだろう。

未来展望と生き方と「個」の自覚

ところで、先に未来展望には「方向」の意識がつきまとうと述べたが、「生き方」は生き行く方（方向）でもあるのだから、未来展望と生き方とは切り離しては考えられない。生き方を問題にするには、もちろん、個としての自分自身を自覚することなしにはできないから、ここに個の自覚としてのアイデンティティも合わせて論じられることになる。

このような意識と意味づけにおいて、本稿執筆への要請を受け止めている。いささか心許ないが、学生たちとの付き合いの来し方という航跡から、非力を投入して、展望を試みたい。

一、学生を見る目

筆者の勤務する大学は学部と短大の併設で、学生数は全学（学部・短大）合わせて一三〇〇名余りである。大正四年創設の津山高等裁縫学校以来の女子教育の伝統であったが、二〇〇三年の男女共学化で、それまでの大学、短大の名称から「女子」が外されて、それぞれ美作大学および美作大学短期大学部へと名称変更された。筆者の現在の所属は短大（幼児教育学科）であるが、都合により所属変更がなされる場合があるだけでなく、現在の所属にありながら学部の授業や卒論指導はもとより、学生指導や、各種委員会をはじめ入試業務や就職支援、学生募集など、学内諸業務は大学・短大一体となって取り組む関係上、教職員全員が大学・短大の双方を本務としている状況である。大学は一学部で、「食物」「児童」「福祉環境デザイン」の三学科が、短大には「幼児教育」「栄養」の二学科がある。

つい語ってしまう学生像

さて、昨年の今頃（二〇〇五年六月）、大学の広報誌に、筆者が筆名で書かせて貰っているコラムに次のように書いた。

日頃学生と向き合っていると、授業や学生たちのレポートで扱われる言葉をめぐって、ちょっとした面白い（?・）現象に行き当たる。

たとえば、教育の法規に関するときなど、「女子少年」と「国民はその保護する子女に」といった表現における「女子」と「子女」のように、熟語の前後の文字が転倒すれば意味が変わるものがかなりあるのだが、そのことについて彼らがあまり頓着しないことを不思議に思うことがある。習慣と慣習、権利と利権、決議と議決、実情と情実、近親と親近…など。もっとも、「議決と決議」や「権利と利権」などの対には、それぞれに一部が重なる意味もあるから、混同と無頓着が同居することになるのかも知れない。それにしても、実情と情実では相当意味も異なるし、ましてや「あの人たちの事情」と「あの人たちの情事」とでは、それこそ事情は一変するほどのものかも知れないことを思うと、とても誤植程度の認識では済まされないだろうに、と思ってしまうのだが。

発音するだけでなく、文字にする場合でも「すいません」と書く学生がとても多い。喫煙しないという意味ではない。「済みません」という表記をもともと知らないらしいのである。あるいは、一文字一文字は知っていても、繋がると丸反対の解釈をくだすのをみて、この先大丈夫かなと案じてしまうこともある。「天地無用」をどう転がしてもよいとする解釈から、「親展」を「開封するのは親でなければならない」と確信している者は想像を絶するほど多い。

大学にあって「生徒」と自称することの多い彼らに、まず「講義」とだけは書かないで！ということから始めることにしている。

今に始まったことではないが…

何をいまさら、と思われるかも知れない。学生の学力の低下が言われ出したのは今に始まったことではないし、年々幼稚化する学生の意識や行動に頭を悩ませているという教員の話など珍しくもない。ここに挙げた例などまだマシなほうだと言われるかも知れない。何しろ同世代の九七パーセントが高校に通い、高校卒業者の五割以上が大学・短大に進学する時代である。指定校入試やＡＯ入試など選抜経路は多様であるが、現象としては、さながら義務教育の線上に小学校、中学校、大学校とトコロテン式に送り出され、送り込まれて来る観がある。いきおい、義務教育でなし得なかったことは高校での教育に先送りされ、高校でも補完し切れなかった基礎学力や規範意識や社会通念は大学でのケアに望みをかけられるということになる。実際、高校の進路・進学担当者が推薦入学を希望する生徒の送り込み先として、入学後にどれだけキチンと補習授業をやってくれるかということを大きな指標にしていることは関係者の間で広く知られている。ために学生募集に躍起となっている大学にあって、補習授業のカリキュラムを組み立てることは喫緊の重要事となっている。（大学等での補習授業はリメディアル教育という呼称でよばれることが多い。日本リメディアル教育学会というのが昨春（二〇〇五年）誕生し、秋には第一回全国大会が開かれている。リメディアル remedial とは、①治療（上）の、②矯正［改善］するための、という意味の形容詞（岩波新英和辞典）であるが、平たく言えば大学生向けのやり直し教育という意味である。）

なぜ生徒（さん）なのか

こういった状況では、学問に生きる気概の匂う「学生」という呼称はそぐわないとでも感じられるのだろうか。気になるのは、当の学生たちだけでなく、大学に出入りする地域の方々—役所や事業所、あるいは書籍・教材を扱う書店や商店、果ては社会の一線で活躍されている関係で本学にお招きしている非常勤講師の方々まで—が、本学の学生を「生徒（さん）」と呼ぶケースが年々増えてきているように思えることである。これは何も本学のような地方大学の学生だけが実社会の人々からそのような意識で見られているということではないと思う。

「泣く、土下座する、味をしめる」

今から七年前に出版された清水真砂子『学生が輝くとき』（岩波書店、一九九九年）のプロローグはこの標題で始まっている。この標題に続く数ページには当今の学生の実態が活写されていて、出版直後に読んだとき以来、筆者は強い印象をもっていたが、いま読み返してみて、あらためて学生に対応する過程での著者の困惑、憤懣、情けなさ、やりきれなさ、敗北感…等々が滑稽なほど見事に伝わってきて著者への共感を新たにする。こんな描写である。

十年ほど前のこと、ある時、授業でひとりの学生が泣きだした。弱い立場の人間をいとも簡単に切って捨てようとする彼女の発言に私が意義を唱えた。ただそれだけのことである。—（略）— 授業のあと、その学生に泣きだしたわけをたずねると、彼女は、他人に叱られたのはあれが初めてだった。生まれて二十年、父にも母にも一度も叱られたことはなかったのに、と答えた。私自身は叱ったつもりなどなかったのだが、その時、初めて私は、そういう若い人たちが出てきていることを知った。

子どもが叱られるということは、自分のしたことに対してリアクションを受けることであり、それは他者を知る一歩であり、かつまた責任をとることを学ぶための一歩ではないかと思うのだが、ここ十年、この叱られるという体験を一度もしてこなかったのではないか、と思われる学生たちに会うことは年を追って多くなっている。

毎年、とくに学年末になると、とてつもない学生に出会ってしまう。提出すべきレポートを全く提出していなくても、出席すべきクラスに一度も出席していなくても、単位だけは何とかしてくれとごねる学生たちである。—（略）—調べてみると他の教科では、どんなに欠席が多くても、レポートを出してなくても、すでに単位が出ていることがわかる。別のレポートを課したとか、特別指導をしたとか、理由はさまざまである。別のレポートが課せられれば、もうしめたもの。ほぼ百パーセントすべりこめる。彼女らは味をしめたのである。泣けば、土下座すれば、単位を出してくれる先生がいる。こうして彼女らはすりぬけていく。大学に限らない。高校の時からすでにそうやってきたふしがある。（『学生が輝くとき』一～五頁、傍点原著）

—（略）—

「学生が輝くとき」が見える目を

プロローグはこのような描写で始まるけれども、この本の基調はまったく正反対である。このことをまず急いで言っておかねばならない。清水氏はこのような学生の現実から出発しながら、この本全編を通して、タイトルにあるように「学生が輝くとき」を自らの教育実践を経る中で拾い上げ、丹念に磨き上げて紹介している。学生を語って肯定的な評価が聞かれない当今にあって、だからこそという思いが推進力となったものでもあろう。この本の「あとがき」に、ゼミで清水氏に褒められた学生が照れ隠しに「先生は親ばかみたいなところがあるから」と言ったことに対して、「あら、親ばかでなきゃ、子どもは育たないのよ」と言い返したというくだりがあるが、「親ばか」的な目でこそ見えてくる学生たちの姿というものが確かにあるだろう。あえて言えば、いま私たち大学教員に必要なのはこの「親ばか」的な目を持ち得るかどうかということであるかもしれない。

二、学生が求めているもの

現在、わが国には七〇〇校を超える四年生大学と五〇〇校近い短大があり、両者を合わせて同世代の五割を超える若者を迎え入れている。ひと頃「せめて高校までは出てないと」という言われ方が就職と結びつけて言われたように、今日、大学・短大のどの学部、学科へ入学しようとも、入学時点にあって卒業後の就職を意識しない者はほとんどいないだろう。不況、失業率、ニート、フリーター、非正規社員、派遣社員、長時間労働、サービス残業、過労死…等々、雇用状況と生活基盤についての不安が大きな社会問題となっているだけに、卒業したけど就職は…ということにならないよう、進路の探索にはシビアな目が求められる。

親子で違う眼力

しかしこの点での眼力は親子の間で相当に開きがある。先の「せめて高校までは」というのも、中学卒業時点での子ども自身の意識ではなく、その子どもの親たちの世代の意識によるものであった。高度経済成長期に「金の卵」と言われてもてはやされ、中学卒業で集団就職して日本経済を陰で支えた世代が、わが身を振り返ってみた時に口をついて出たのが「せめて高校までは」だったのである。そして親たちが、連綿とではあるがこぞってわが子を高校へ行かせるようになった結果、今日では中卒者の九七パーセントまでが高校へ進学することになった。これと同じ構図が当てはまる。つまり、大学や短大への入学に際して、その大学ないし短大卒業者の就職実績にシビアな目を向けるのは、これから入学する当の子どもよりも、むしろその親たちの方だということである。(「お前の好きなところにすればいいけど、いいのかい、その大学出てもちゃんと仕事に就けるんだろうね」「就職できるんだったら、いいよいいよ、の大学行っても」。）

もちろん入学当事者である子ども（学生）も、将来の進路に直接関わることだけに無関心であるはずがない。無関心であるはずがないけれど、関心の抱き方が親とは違うのである。誰でも自分が入学する大学についてまず知りたいことはその内側のことである。入学すればそこは自分の生活の場となるからである。やりたいことが実際の授業ではどんな風に行われているか？　何しろ、楽しそうか、自分がついて行けそうか？　施設や設備にはどんなものがあって、どう利用されているか？　授業は厳しいか、クラブ活動は活発か、入れそうなのはあるか？　…等々。そして、これらのことに関心を振り向ける前提として、そもそもその大学に入れるか？　要するに、これから入って行こうとしている生活の場の、まずは入り口と、そしてそれに近接する内側への関心が強く、出口としての就職についての意識は、今のところは裏木戸の扉のように、彼方にあって半開きにパタパタしている風のものでしかない。

「ユニバーサル」と「全入時代」

さて、大学改革や高等教育が問題にされるときに読んだり聞いたりすることの多い「エリート」「マス」「ユニバーサル」という言葉があるが、これは、アメリカの高等教育研究者マーチン・トロウが一九七〇年代に提唱した高等教育の性格変化のモデルを表す言葉である。大学等高等教育への進学率が一五パーセントまでをエリート型、五〇パーセントまでをマス型、五〇パーセント以上をユニバーサル型というのであるが、これによると日本は昨年（二〇〇五年）、大学・短大進学率が五一、五パーセントと、ついに五割を超えてユニバーサル型に突入した。一八歳人口が減少していることもあるが、二〇〇七年には、単純計算で進学希望者数と大学・短大の総定員数が同じになる、いわゆる大学全入時代の幕開けとなる。実際には受験生が押し寄せる難関大学は依然として難関であり続けるだろうし、独立法人化されたとはいえ国立大学は依然としてコクリツで、当分は希望すれば誰でも入れるというものではなかろう。むしろ全入時代はよりいっそう大学の序列化を際だたせることになると予測されている。

ところで、大学・短大は、この大挙して押し寄せてくる学生たちに何を提供することができるだろうか。「何を」とは、端的に、本稿のテーマである「大学生の未来展望と生き方・アイデンティティ」に関わっての「何を」である。

学生の内なる叫び

大学・短大にはさまざまな学部・学科があるが、そのいずれも研究・教授にあっては専門性を—レベルや程度に差はあるにしても—追求ないし標榜している。そして学生は入学以来、自分が所属する学科で専門教育を中心にして卒業までの学生生活を—たとえ不本意入学であっても、あるいはこれといった目的をもっていなかったとしても—送るわけである。しかし同時に、多感な青年期にあって、また往々にして高校までの日常を抜け出たそれまでと異なる環境の中での他者との交わりの中にあって、自己におののき、生き方に迷い、時には世を厭い、自分を責め…と、今昔変らぬ〝疾風怒濤〟の時代を過ごす。この疾風怒濤を生きる学生に対して、大学・短大は何を提供できるのか。

「僕は、全体としての人間だ。僕が全体として自己形成するのを助け、僕のほんとうの潜在力を発揮させて欲しい」。しかし大学には彼に返す言葉がないのだ。

これは、アメリカの大学における一般教養教育を担当するアラン・ブルームの、ある学生の言葉を前にしての真率な自問、苦渋にみちた反省の弁として、廣川洋一氏が紹介しているものである（廣川洋一『ギリシャ人の教育』岩波書店、一九九〇年、七頁）。廣川氏は大学における一般教育・教養教育のあり方を論じる文脈の中で先の紹介をしているが、彼の主眼は次の点にある。すなわち、「わが国での一般教育・教養課程は、アメリカのそれとは異なる点はあるとはいえ、そのあり方にたいして、基本的に、同じ問いが学生から問われうるとみなければならない」（同書、七頁）ということである。もっともブルームの言葉も、そして彼を紹介している廣川氏の言葉も、アメリカの大きな大学（コーネル、イェール、シカゴ大学など）や「わが国の有力大学」の一般教育・教養教育を論じる中から出てきたものであるが、しかし、〝疾風怒濤〟を生きる学生は大学の大小や有名無名に限らず遍在する。私の、そして、あなたの前の学生も、その渦中にいるのだ。

魂の世話としての教養（教育）

では、この学生の内なる叫びを、大学・短大はどのように受け止め得るのだろう。紹介してくれた廣川氏自身は次のように言う。

この学生の叫びは、教養の指し示す方向、おそらくその重要なひとつを明示するものであり、他方、教師たちの困惑の沈黙は、教養ある人間―かの学生の声によれば「全体としての自己形成」―に育てるにはいかなる教育がなされるべきか、その方法の計りしれぬ困難を語るものであろう。（同書、八頁）

重ねて「何を」と問わねばならない。このような状況にあって、大学・短大は学生に何を提供できるのか、と。自覚的に学部・学科を選んで大学・短大にやって来る学生はもちろんだが、不本意入学であっても学生となった以上、求められ、あるいは課せられるのは、自分が所属する学部・学科での専門的知識や技術・技能等の習得である。そして、それらは卒業後の将来の生活上の資源となりうるものであるから、習得することへの意欲の程度に差はあろうとも、入学時点での最大の要素であるに違いない。しかし、入学と同時に生活の場となる大学・短大にあっては、そこが生活の場となるがゆえに〝疾風怒濤〟が日常的に繰り広げられる舞台となる。それは「専門」に関わる勉学の合間や、場合によってはまさに専門教科の授業中にあってさえ、そうなのである。疾風怒濤を乗り切り、「全体としての自己形成」に資する営為を教養（教育）とするならば、それは専門教育だけではなし得ない道理である。先の著書で廣川氏が引用している養老孟司氏の次の言葉も、このあたりを突いていると思われる。

> 私は一種の教養主義の復活を予感している。私の属する医学の分野でも、専門主義では、おそらく片付かない問題が山積している。それは、専門主義でやって来た以上、当然のことである。教養主義が《（ママ）》〈積み残し〉になったからである。それを考えるノウハウを、専門主義はもたない。（同書、三頁）

「叫び」とは魂の発露である。魂の世話が教養（教育）に委ねられるものとして、では、いかにしてなされうるのか。

三、〝自分が在る〟ことを問い、問わせること

差し当たって確認しておかねばならないことがある。現在の大学・短大にあっての教養教育の位置である。

不遇をかこつ教養教育

一九九一年の大学設置基準・短大設置基準の改正の目玉となったカリキュラムの大綱化・弾力化は、大学・短大の教育内容に多大の影響をおよぼすものであった。これら設置基準の改正を受け、全国的に雪崩をうって、一般教育・教養教育における科目が削減または廃止され、あるいは専門科目の入門的学科目や専門科目そのものと差し替えられるようになった。専門教育充実のかけ声のもと、一般教育・教養教育の実質的空洞化を招来することになったのである。このことは設置基準改正の前から懸念され、予想されたことであったが、年を経るごとに次第にその弊が顕わになり、近年になって大学・短大における教養教育のあり方を巡っての論議が巻き起こっている。しかし、カリキュラ

ム編成にみる成果には大学・短大による格差が大きく、一般教育・教養教育が一九九一年の設置基準改正前に占めていた地歩とは大きな隔たりがある。

ところで、魂の世話が教養（教育）に委ねられるとしても、大学・短大の設置基準改正前の一般教育・教養教育ではとてもその役目を果たし得なかった。設置基準の改正による一般教育・教養教育の空洞化を懸念する者たちにあってさえ、当時の一般教育・教養教育の不十分さと機能不全は明らかであって、これを憂慮する声は方々で上がっていたものの、さりとて有効な手立てを持ち得ない状況の中で設置基準が改正された、というのが正直なところだろう。

私たちはSTEPです！

あらためて学生の現実に立ち戻るところから考えよう。もう一度、本学広報誌のコラムから、同じく筆者によるものであるが、今度は数年前の時点での素描を引くことにする。

すでに廃刊になってしまったが、毎日新聞社が発行していた月刊の教育雑誌に『教育の森』というのがあった。その一九八二年三月号で、法政大学教授の尾形憲氏が大学と学生について苦言を呈していた。曰く。大学は「最高学府」だとか「学問研究の場」とかいうことになっており、学校教育法でもそのように規定しているが、そうしたタテマエとは裏腹に、現実の大学がおおかた若者たちのレジャーセンターになっていることは否定しようがない、と。

学生に言わせれば、それは激しい受験戦争の疲れをいやす「青年幼稚園」だそうだ。前期二年間は教養課程ならぬ休養課程であり、後期二年は勉強なんかちっともセンモン課程（これも学生に言わせると、勉強なんかする気がセンモン課程）となる。三年次はアルバイト課程で、四年次は就職課程ともいう。結局、大学で学んだのは、ＰＴＡ（パチンコ、タバコ、アルコール）だったり、ＳＴＡＭＰ（セックス、タバコ、アルコール、マージャン、パチンコ。一説では酒、タバコ、アルバイト、モーターカー、パチンコ）だったりする。

さて、この「苦言」を、とある機会に本学の学生に紹介したところ、ややあって、思いがけないリアクションを受けた。四、五人のグループが一団となってやって来て、そのうちの一人が晴れ晴れとした笑顔で、手にしていたメッセージを差し出したのである。

最後の授業で、今の大学生はＳＴＡＭＰといわれている、と先生が言われた。現実そうなのかと納得してしまうが、友達と話していて、私たちはＳＴＥＰだという結果になった。Ｓはスマイル、Ｔはtalkingでおしゃべり、Ｅはeatで、Ｐはプライドといった意味をつけた。良い意味で大学生活をのびのびとくらしたいし、のびのびとした人間でありたいと思う。（一九八七年度入学生　児童学科）

あれから一二年。「ひと回り」あとの世代の今の学生は、どんな反応を示すだろうか。

この学報の発行（一九九九年九月）から、かれこれ七年が経っている。コラムの内容は今から二一年も前のことであり、尾形氏の「苦言」から数えれば二六年という、かれこれ一世代近く前の学生の姿である。現在と比較してどうだろう。それこそ「教養課程」（休養課程！　学生たちは言い当てていた）と「センモン課程」という制度上の垣根が緩やかになり、「ＰＴＡ」にあたる部分に変化はあろうが、学生の〝生態〟ということではあまり変わっていないとみることもできよう。しかし、注目したいのは「私たちはＳＴＥＰだ」と言った学生たちの意識である。

未来展望力の芽を育てる

私たちはＳＴＥＰだ、と言ったとき、学生たちは自己分析を試みたのだ。たとえ、それが客観的因子に基づいているとは言えず、むしろ自分たちにとって望ましく、こうありたいという願望に導かれてのものだと言われるにしても、少なくともそこには、現在の自分を対象化し、自分自身を頼るに足るものとする自覚と、「のびやかさ」という、漠然とではあるが自分たちの価値を付与したものを求めていこうとする方向性がある。こういったところに未来展望力の芽があると思う。そのことをもう少し掘り下げて考えてみたい。

自分はどうして此処《ここ》にいるのか

筆者は先に、未来展望には「方向」の意識がつきまとうと言い、また、振り返って見る足跡から進むべき方向を見通そうとする営為を孕んでいる、と言った。このことに関わって紹介したいことがある。それは、阿部謹也氏がことある機会に述べている次のような実践であり、その実践を支える考えである。

私は学長になるまで一・二年生のゼミナールをも担当していた。―（略）―私のゼミナールは最近では「西欧における個人の人格の成立について」という題で『個人の発見』という英語の書物を読んできた。通常はその書物をめぐって議論をし、特に日本の個人のあり方との違いを話し合うのだが、夏休みには二泊三日の合宿をし、そこで十五人の学生が一人ずつ「自分はどうして此処《ここ》にいるのか」と言う題で一時間ほど報告をする。もちろんそのような報告をしたくない者は自分が興味をもった書物や音楽、その他を報告すればよいのだが、これまではほとんどの学生がこの題で報告をしている。

おそらくほとんどの学生にとってはこのようなことを人の前で話すことも、またそれを文章にして書くことも初めての経験であろう。まずは親との関係、そして高等学校の教師との関係、友人関係や大学に進学する際の事情などが問題となることが多い。アラン・シリトーという小説家は、人間は二十歳になるまでの経験で四十歳まで生きてゆけると述べている。二十歳までの経験が人にとっては決定的に重要だといっているのである。私も自分自身の経験から、二十歳までの自己形成のあり方が決定的に大切だと考えている。こうして十年以上学生たちの話を聞いていると、このようにして自分の生活史を書くことによって自己が対象化されることが大切なのだということが解《わか》ってくる。（阿部謹也『大学論』日本エディタースクール出版部、一九九九年。五〜六頁）

自分に引き寄せて関わる意味

ここに引用した箇所のすぐ後のところで、阿部氏は、このようなやり方で自分を知ろうとする試みをする機会はわが国では意外と少ないこと、また、自己の形成史を辿《たど》ってみたときに見えてきたことが多くの人に共通する問題であることに気づくことも少なくないとし、このようにして社会と自分との接点が見えてくる、と述べる。そして「世界との接点が他律的にではなく、自分の努力によって見えてきたとき、その人の学問の基礎が出来たことになる」（『大学論』七頁）と言う。また、最近の学生が政治や社会の問題に関して無関心だとよくいわれることに対して、阿部氏は、かつての学生には自己の問題をいわば棚上げして天下国家を論じる傾向があったが、今の学生たちは自己の問題から離れることなく、もっと地道に天下や国家を自分に引き寄せて関わろうとしていると言い、「そういう意味でこのような視点こそが大切なの（だ）」（同書、七頁）と言う。そして、この考えを敷衍して次のように断言し、希望を述べる。

だがそれは学問の場合だけではない。社会人としても大切な基礎なのであり、生涯学習や社会教育の基礎ともなるのである。その意味でこのような試みが学生だけでなく、成人した人々の間でも行われることを希望したい。（同書、七頁）

学生だけでなく、成人した人々の間でも、と阿部氏が言うところの希望。それは自分を棚上げにして論じることではなく、自分を取り巻く日常的なことから天下・国家にいたるまでも、自分に引き寄せて関わろうとする姿勢であり、自分の努力によって世界との接点を見ようとする営為の遍在ということである。そのことは、学生にあっては大学・短大での自分の眼前に展開する学科目に向かう意味を問うことでもあるし、〝疾風怒濤〟を乗り切るときに握る舵への力の入れ方や方向感覚を養うことでもあろう。自己形成のあり方という航跡を振り返ることで、進むべき方向を見通す（未来展望）ということである。

オリジンを持つことを励ます

このように考えるとき、「私たちはSTEPだ」と、いかにもアッケラカンと言い放ったかに見える学生たちではあるが、存外、このようなところに見られる、ささやかではあるが生命力の感じられる未来展望力の芽にこそ、私たち教員は目を止め、その芽を育てることに意識的でなければならない、と思う。

その際に配慮すべき大事なことは、「オリジン origin は自分自身のなかにある」という意識を、学生がしっかりと持つことを励ますことだ。一九九五年の阪神・淡路大震災の折り、救援活動に、全国から学生たち若者が多数かけつけたが、彼らを突き動かしたのは、一人ひとりの胸の内に噴き出した止むに止まれぬ思いであったろう。一人ひとりが自らのオリジンから発したのである。普段の日常にあっても同じである。自分自身のなかにオリジンを自覚するとき、たとえ他の者と同じ結果に行き着いたとしても、それをもってオリジナリティーがない、という言い方でなされる評価は当を得ていないだろう。

オリジンとは「私」に発する「かけがえのないもの」である。世界がグローバリズムに浸され、人々の生活の襞《ひだ》までもその大波に洗われている今、架橋―〝グローバリズム〟という架橋！―によって踏みつけにされた橋脚としての島々が二重写しになる。固有の文化と習俗を育み、不便だとしても不幸せとは限らず、点在するがために全体として多島美をなしていたエリアに架けられたハイウェイ。中空に架けられて貫通する海上ハイウェイは、島々を見おろして人と物を遠くに運ぶが、橋脚となった島々の文化や習俗に目を留めることはほとんど、ない。目を留めないどころか、それら島々の文化や習俗は急速に洗い流され、風化されて行くことだろう。たとえて言えば、私たち一人ひとり―そして、学生たちも―はこの橋脚の島の出身者である。オリジンはそこにあるのだ。生き行く方に迷い、展望を見失おうとするとき、立ち止まって考えてみてはどうだろう。島での私は何であったのか。島を出るとき何をめざしていたのか、と。そして島を出てからこれまでの航跡を辿ってみることで、海図の上に現在位置を確認し、生き行く方を展望できるのではないか。

originとは、起源、発端、源泉であり、生まれ、素姓という意味でもある。未来展望が、自己形成のあり方という航跡を振り返ることでなされる以上、そして大学における教育が学生の未来展望力の形成に預かる以上、教員にまず求められるのは、学生が、世界に向かって立つとき、自らの内にオリジンをもつことを励ますことであるだろう。

おわりに

筆者は、先に、清水真砂子氏が指導するゼミでの、学生と清水氏のやりとりを紹介したところで、「いま私たち大学教員に必要なのはこの『親ばか』的な目を持ち得るかどうかということであるかも知れない」と述べた。オリジンが「生まれ」「素姓」であり、そのオリジンを励ますことが求められるのであれば、これはもう「親ばか」で在らざるを得ない。

禅宗に「碎啄《そったく》」という言葉があるが、これは雛が孵化するとき、外に出ようとして卵の内側から殻を破ろうとしてつつくことを「碎」と言い、そのとき親鳥が、雛が出やすいように外から卵をつつくことを「啄」と言うことに拠っているという。「機を得て両者相応ずること」(広辞苑)であるが、学生の未来展望力の形成にヒントを与える言葉であると言えよう。

《『大学と教育』NO. 43(東海高等教育研究所)/二〇〇六年八月》

美女大の未来を問う
――いま、考えねばならないこと――

いささか挑戦的なタイトルとして受けとめられる向きもあるかも知れない。大学をめぐる状況が厳しいだけに、しかも、その厳しさは地方の規模の小さい私大にあってはことさらに喧伝されてきているだけに、あるいは時宜的に不穏当とのそしりを受けるかも知れない。しかし、大学をとりまく状況がいかに厳しいからといって、当事者たる個々の大学と大学人は、これを見て見ぬふりを装ったり避けて通ったりするわけにはいかない。また、「状況の厳しさ」にたいする認識の度合いは、その状況をめぐって交わされる論議の質によって異なるものであり、その論議は己を問うことをぬきにしては深まりをもつものにはならないだろう。

取り違えてもらっては心底困るが、ここで述べようとすることは、徒らに責任を他に転嫁したり、ことさらに挑戦的な言辞を用いることで、状況が指し示す問題を弄ぼうとするものではない。意図は全く正反対である。それは、美女大の構成員である私たち一人ひとりが何を考え、何をなすべきかについて、己を問いつつ問題を提起することにあり、そうすることで、誠意と善意によって試みられようとし、あるいは現に試みられつつある努力の方向が真に実を結ぶように励ますことにある。

もちろん、現実を見据え、自己を点検し、改革に値する企てを英知を集めて行い得るか否かが将来を決する、という認識は全国の大学人に共通のものであり、ひとり本学だけのことではないが、直面する問題、解決を迫られる課題、対応する条件等はそれぞれ異なっており、私たちは自らの立脚点を確認することから始めなければならない。

一八歳人口は本年度をピークとし、向後一、二年を含めてここ数年は、入学を希望する者に対して大学は「狭き門」を呈している。本学においても、入試センター試験の導入や情報処理センターの設置等によって、地方に位置する規模の小さい私大ではありながら、大学における教育の出発点にあたっての機会の公平と機能の充実に向けて、相応のとりくみをしてきている。こうした対応は大学をとりまく全般的な流れに沿うものであり、また地元の要望にも合致し、それなりに一定の評価を得ているものであろう。

しかし、問題はその先にある。全国的にみても、順風満帆ではないにしろ、いまは大学進学希望者の大波の波頭に乗っているものの、いずれ確実にやってくる波底を見据えて、そこにたゆたうことへの不安にとらわれている大学も少なくなかろう。本学もこの危惧を共有している。

美女大の未来はどう在るか、という感慨にとらわれるとき、私たちが己を問いつつ行う問題提起とは何か。美女大を構成する学生、教師、職員、理事のうち、まず私たち教師にあって、いま、何を考え、何をなすべきかを、他の三者とのかかわりのなかで呈示してみたい。

端的にいって、それは、学問的精神、教育的精神を問うことである。そのことは、取りも直さず自らの教師としての、また研究者としての主体を問うことであり、己の内面的権威を自省することでもあって、厭わしいことである。しかし、痛みをともなわない自己への問いかけは空虚であり、それゆえに産みの苦しみの彼方に求められる新生への展望も鎖ざされる。

大学が、学術の中心として、深く専門の学芸を教授研究するところであることは論を俟たないが、美女大には、教育と研究にとって重要な問題がいくつも懸案事項になっている。なかには教学体制の発足時からの発想に起因するものもあるが、それらの問題が、さまざまな角度から十分に検討されてきたとはいい難く、長期の展望に立った教育論議がなされてきたとも思えない。結果として、私たちもこのような状態に甘んじてきたのだ、との自責の念を否めない。今、自戒をこめて問わねばならないことは何か。

それは、私たち教師自身に、多かれ少なかれ、想像力の枯渇、感性の欠如、知性の摩滅、理想の衰弱などがあるのではないかということである。未来像を描く力（vision）、詩を感じとる力（poesy）、先を見通す力（prospect）、理想の実現に迫る力（policy）が萎えているのではないかということである。私たちの日常は、学生と向き合うなかで意味をもつが、学生にたいして、知識の活性化をはかり、豊かな問題意識をもたせ、学問と教育と人生に希望をもたせるためには、さまざまな配慮がもとめられる。それを行なっていく主体に必要不可欠なものが、想像力と感性、知性と理想への意志である。

もとより、教師の営為は、大学職員の全面的支援と協力に依拠しているのはいうまでもなく、私大にあっては理事会の理解無くしては、到底その実を挙げることは望めない。ここに、美女大を構成する学生、教師、職員、理事のすべてにたいして、私学としての自立・自前精神を基調とした、美女大の特色を発揮できる教学の理念と原則の明確な呈示が要請され、共通認識のもとでの大学運営—教育と研究機能の展開—の改革が求められることになる。

先年、ハイデルベルク大学の六〇〇年祭が行われた際に、大学の使命とは何であるかが、あらためて問われたという。そしてそこでは、比喩的な表現ながら、大学とは、知的渇きを癒す泉である、ということでの一つの了解が得られたと聞く。美女大は、渇きを癒す泉たり得ているか。教師は、渇きを覚えてやってくる者を癒せるか。職員は、潤いの泉の共同運営者としての自覚を持ち得ているか。理事は、すべての者の生活の場であるこの泉を、希望に満ちたところとするために力を尽くしているか。各々が自らを問うことになろう。その問いのなかには、そもそも私は渇いているか、という学生自らのより根源的な問いかけもみられるかも知れない。

現代フランスの詩人、ルイ・アラゴンは、「ストラスブール大学の歌」に次の一節をうたいこんでいる。

教えるとは　希望を語ること
学ぶとは　誠実を胸にきざむこと

これらの言葉ほど、教育と学問の真の意味を言いあてたものは他にない、と私には思える。この精神こそが、今、私たちにも強く求められているのではないか。教師は学生に希望を語りうる精神状況にあるのか。真理や誠実さを、なによりもまず教師が体得し、実現しようとしているか。そこに美女大の未来がかかっているように思われる。

《『学報みまさか』第二五号／一九九二年五月》

「職員」か「教職員」か

のっけからカタイ話になるが、「職員」と「教職員」とはどう違うのだろうか。

本学のある会議でこのことが話題になったことがある。本学に勤めている者すべてを包括したことばとして「職員」で不都合はないではないか、という意見が一つ。それに対して、本学には教員と職員（教務・事務・用務・技術）がいるのだから、両者とも本学に勤務する者であることに違いはないものの、それを承知の上でなお、両者それぞれの独自性を併せ表現するには「教職員」のほうがふさわしいのではないか、と、こういった話の筋であったように思う。

その会議では前者の意見が容れられて、呼び慣れた「職員」が採られたが、この問題は単なる表現のあれこれにとどまらない、もっと本質的な点においての相違をほの示しているように思える。実は、私もその会議で、最終的に「職員」が容れられる論議を助長する発言をした一人であるが、どうも今少し舌足らずであって、私が日ごろ考えていたことをじゅうぶん言い尽くせなかったように思われてならない。

少し余談になるが、教育法令の用語としては、学校の先生はもっぱら「教員」と呼ばれる。しかし、人間らしい教育主体を示す用語として「教師」が、今や教育判例用語になってきており、教育法学でもなるべく「教師」に置き換えていこうとする傾向がみられる。もっとも実際の教育界では、「教員養成」「教員人事」「教員定数」あるいは「教員組合」「教員団体」というように、公教育制度や教育労働運動など集団組織面で「教員」が依然として用いられている。慣例としてなじみやすいのだろう。

だが、何気なく用いているようでありながら、実は少なからぬ者がこの「教員」ということばにある種の意味あいを嗅《か》ぎとっているのではないだろうか。そして、このことばを用いることで自他に暗黙の了解をとりつけることになっているとは言えないだろうか。まさしく次の指摘にみられることとして、である。

「教員」という語には、学校の教師が法律的な学校制度や国公立学校のなかで「機関」的位置づけを与えられている意味あいが強く、いきおいその職務としての教育活動も制度的・組織的な規律に服して当然といったニュアンスをともなっていることに、十分注意したいと思う。そこでこんごの教育法用語にあっては、無反省に「教員」とよぶことを避け、別の表現を見出す努力をしたいものである。（兼子　仁）(1)

名は体を表わすという。ことばは単に字面の違いではなく、思想をもつ。この指摘における努力の方向は標題の「職員か教職員か」の論議につながる。

さて、本学にあっても、教員とともに教務・事務・用務・技術・警備といったさまざまな職員が大学の組織運営にかかわっているが、これらを包括したふさわしいことばの筆頭としては、やはり「教職員」がいいと思う。にもかかわらず、先に述べたようにあえて「職員」を採ることに与したのは、次の理由によっていた。

これは私の偏見かもしれないが、「教職員」に含まれる職員とは、教育にかかわる職務を執りおこなう職員であることはもちろんだが、その場合の「教育にかかわる職務」とは、教員の他は、せいぜい事務職員の職務内容にあたることがらとして受けとめる人がほとんどなのではないだろうか、という思いがある。であるから、「職員会議」となっている今でさえ、本学においては用務・技術・警備の職員は参加の態勢になっていないのに、この上「教職員会議」となればなおのこと、これらの職員はますます埒《らち》外におかれることになってしまうだろうという思いが強いのであった。それならば、呼び慣れた「職員会議」のままにしておいて、将来的には用務・技術・警備職員を含む構成にしていくほうが実をとることになる、という考えであった。

しかし、現に法令用語としても教員と事務職員等を合わせて「教職員」と規定している条項もあり、（地教行法三七条一項）また、何といっても大学という職場にあっては、教員であろうとそうでなかろうと、そこに勤務するかぎり教育と何らかのかかわりを持たない職務はあり得ないことから、包括名称としては「職員」よりも「教職員」のほうが確かにふさわしいと思う。

このように考え至れば、先の引用の指摘にならって、今後は無反省に「職員」と呼ぶことを避け、つとめて「教職員」と呼ぼうと思う。（併せて、「教員」ではなく「教師」とも。）

ところで、美作女子大学教職員組合といい、東京大学職員組合という。この点にあっては、私たちの方が先進である。

《『くみあいニュース』第二一号（美作女子大学教職員組合／一九九〇年一二月》

註

（1）　兼子仁「教師か『教員』か」（『季刊教育法』第五五号、一九八五年　一四〇ページ）

共学発信・キャンパスの風

共学として新たな歩みをはじめて半年。新しい風が入ってきたキャンパスの近況をスケッチしてみます。

「共生」への意識　当たり前のことですが、社会には男性がいて女性がいます。その当たり前のことが本学にも持ち込まれただけのことなのですが、共学化を機に、これまで「当たり前でなかった」ことを振り返り、目の前に展開する新たな日常と比較し、確認している姿がみられます。しかしそれも、やがて運動会に向けて男の子と女の子が二人三脚の練習を一生懸命していくように、自然な意識となっていくだろう流れに感じられます。

クラブ・サークル活動が活発に　空手部やサッカー部など、創部が相次ぎ、児童文化研究部の部員が三〇名から六〇名に倍増するなど、クラブ・サークル活動が特段に活発になっています。同郷出身学生による〇〇県人会や□□県民会もますます層が厚くなり、多彩なイベントや催しが繰り展《ひろ》げられています。

「学食」の賑わい　本館校舎の新築、正門の完成、駐車場等の周辺整備工事の完了で外観が一変し、新生の趣に満ちたキャンパスライフが展開されています。中でもひときわ賑わっているのがカレッジハウス内の学生食堂。スペースを拡張し、対前年度比一四〇%の増設でもゆったり座れる二〇〇席が、読書やレポート書き、さらには自主ゼミの場として利用され、夕方（夕食）営業の終わりまで、終日賑わいをみせています。学習と食事の共利用空間であり、まさに「学」「食」連携の人気スポットになっています。

華やかさから輝きへ　女子学生が生き生きとしてきたように感じられます。「華やかな女子学生から輝く女子学生へ」と言ったところでしょうか。日常の何気ない振る舞い、授業の合間の談笑、大学祭に取り組む姿や表情などに輝きを感じるのです。かつて一部に見られた「寝起き顔のジャージに突っ掛け姿」は、セピア色の彼方へ遠のいて行きつつあるようです。

《『学報みまさか』第五三号／二〇〇三年一一月》

驚く心を育てる

子育てが難しい時代である、とは成長期の子どもを持つ親が共通に感じている思いである。

数年前に総理府が行った調査では、子育てに悩みを持つ親が思い浮かべる「ことわざ」が紹介されていた。そこには、「子を持って知る親の恩」「かわいい子には旅をさせよ」など、おそらく当の親たち自身が子どもの時から耳にしてきたことわざが、立場を変えた子育ての当事者―子育ての困難をくぐりつつある当事者―の感慨として紹介されていた。してみると、何も今の時代だけがことさらに子育てが困難であるとは言い切れないようだ。このあたりのことは、子育てが社会化され制度化された学校教育にあっても事情は同じである。

子育てや教育が困難であるという思いは、親や教師の願いが子どもに伝わらない、子どもが親や教師の考えを受けとめた行動をしてくれない、というもどかしさとなってあらわれる。もちろん、このもどかしさは、子どもだって親や教師の言うことに反対ばかりしているわけではなく、親や教師もそのことは知っているつもりではあるが、それにしても…というもどかしさである。吉田松蔭の言う「親思う心にまさる親心」というのは、子どもが親を思う以上に親の方が子どもを案じている、ということであるが、教師と子どもにとっても同じことが言えるかもしれない。

ところで、子どもに伝えたい親や教師の思いや考えや願いとは、何であろうか。このように問うことは、子育てや教育が困難であるという時のその「困難」の中身を吟味することである。吟味の結果、案外、私たち親や教師は、見当違いの思いや考えや願いを子どもに伝えようとして躍起になっていた、ということに気づくことだってあり得る。私には、そんな予感がする。

では、子育てや教育の問題として、今必要とされていることは何であるだろうか。私は、「驚く心」である、と思う。

義務教育の就学率が一〇〇パーセントに近いわが国にあって、教育は制度的に高度に組織化され、教育研究はますます精緻《せいち》さの度合いを強めているが、中央教育審議会が教育の目的として「生きる力」を措定せざるを得ないほどに、今日の教育は活力を失っている。親や社会が子どもへの関心を高め、教育や子どもの生活に関与し、おとなの世話の度合いを深めていく過程で子どもの生きる力が減衰していったとすれば、これは悲しいパラドックスである。

この夏、帰省した折に姉の嫁ぎ先の漁村に神楽を見に行った。午前三時に神楽がはねて、その帰途のことである。漆黒の闇《やみ》の中、海辺の山道を前照灯で闇を切り裂くようにバイクを走らせていた時、ふと見上げた夜空に驚愕《きょうがく》した。真っ白な帯が天を覆っている。際立つ白さで宙《そら》が染まっている。天の川であった。一八歳の時まで見続けていたはずの天の川であった。バイクを止めて、しばらくのあいだ闇の中にたたずんでいると、久しく忘れていた感覚が蘇《よみがえ》ってきた。

この感覚であると思う。驚く心であると思う。私が忘れかけていて、なお大切だと考えるものは。親や教師やおとなたちの究極の願いが、子どもが自らたくましく生きぬいていくことであるとしよう。しかし、「生きる力」は教え込むことによって身につくものだろうか。繰り返し言われてきたことであるが、子どもが生き生きと活動するのは、その中心に子ども自らの強い興味や関心があってのことなのだ。興味や関心は教え込まれて覚えるものではなく、まず第一に子ども自身が感じとるものである。そして、そこには必ず何らかの驚きがあるはずである。

驚く心は、うっちゃっておくと衰えていく。だから、親や教師やおとなたちが本当に考えなければならないことは、子どもへの至れりつくせりの世話ではなくて、子どもの興味や関心の核としての驚く心が育つ条件への心配りである。それには親や教師やおとなたちが自らの生活を見直すことが求められる。夜空の神秘をめぐって交わされる親子の会話を奪っているパチンコ店のサーチライトや、快適さを鼓吹された多種多様の文化機器や設備に取り囲まれてのアウトドア・ライフなど…。

子どもの成長にかかわる問題に対処していく際、冷静ではあっても〝さめて〟(興ざめて) いてはならないし、困難な状況にあって、理性的であると同時に心躍る感情をもった親や教師やおとなであろうとする意識が大事なのだ、と思う。そうでなければ、子どもへの共感など語れないだろう。

《山陽新聞／一九九六年一一月三日》

遊びと教育

このような題目での原稿を依頼された。商売がら、つね日頃の関心事でもあるし、また昨今の遊びについての言説のなかにいささかいらだちを感じてもいたので、これは面白いことになりそうだと、つい、引き受けてしまった。シマッタナという軽いめまいのような自責の念に押されるかっこうで、今頃になってやっと取りかかることになった。

遊びを論じることのジレンマ

この時期、たんに僕自身の見通しの甘さが招いたわけなのだが、発狂しそうな忙しさのなかで締め切り日を遅らせてもらいながら、それもおぼつかなくなったドン詰まりの夜…。もうあとがない極限状態のなかで、やっと気をとりなおしてワープロにむかった矢先のこと、研究室に教え子であった卒業生がたずねてきた。彼女は、市内の保育園で働く保母で、たまに勤務を終えた後やってきては話し込んでいく。今日は別の用事がてら立ち寄ったという。困ったなあ～という胸の内を、多分、僕は露骨に顔に表していたのであろう、彼女は僕の応対のなかに在るとまどいとうろたえを紛うことなく感じとったようだ。すると今度は気兼ねしてくれる彼女の様子が僕にうしろめたさを感じさせる。お前のそのそわそわした様は何なのだと、やんわりとながらも彼女に詰問されているようなのだ。しかたがない…ということで、すっかりわけを話し、「極限状態」を乗り切ることを祈ってもらい、ひきとってもらった。

こんな状況で遊びについて何か言えるのだろうか。初めっからジレンマに陥ってしまった。それほど遊びについて何かを言おうとすることは、実は案外難しいことなのかもしれない。それなのに、世間では、いかにも「これだ！」

と決定版を銘うった遊び論がなんと多いことか。

肩ひじ張らないで取り組んでみたら

もっとゆったり取り組もう。遊びをちゃんと論じることは一仕事だが、ネジリ鉢巻きの遊び論や「教育的」発想が前面に出ているものが多すぎるような気がする。私は教師、教育のプロとして遊びとはかく在るべし…といったたぐいや、遊び下手を自覚している人のコンプレックスを裏返したような遊び論が多いのである。もっと肩の力をぬいてみてはどうだろう。構えを取りはらった、遊び論を遊ぶくらいの余裕がほしい。遊びそのものは男と女の愛の歴史に似て、悠久なのだから。

と、こんな調子でここまで書いてきて、なんとか目下の難局を乗り切れそうな気持ちになってきた。そこで、まだまだ達者な遊び人《びと》の域には至らないけれども、すきあらば遊ぼうとしている心根を「理性」で抑えながら、その実やらなければならない仕事を目の前にしてつい遊んでしまうというサイクルから抜け出せない人間として、遊びにかかわる二、三のことを述べてみたい。

マイナーに位置づけられている遊び

遊びは、これまでとかく「仕事と遊び」「教育と遊び」というようにある対照行為と対になって話題にされたり論じられたりする場合が多かった。しかもその際、きまってマイナーな位置づけを与えられてきたものである。

人口に膾炙《かいしゃ》されたモットーに「よく遊び、よく学べ」というのがある。僕も子どものころに父母や周りの大人からことあるごとにこのコトバは聞かされたし、学校の中にもこのコトバをかきつけた額みたいなものがあったのを記憶している。しかし、実際には、「よく遊び」の方は「よく学べ」の枕言葉のようなもので、よく遊ぼうがそそこに遊ぼうがそれにはたいした重きはおかれず、問題は学校の成績はどうなっているかということであったようだ。成績のよい子に対して親や大人や先生が「おまえは少し遊ぶことが足りないんじゃないか」ということは、まず無かったようだし、勉強に人並み以上の時間をかけていても成績が悪ければ遊んでばかりいるのではないかと疑われるのが相場であった。だから、ちょっとした遊びにも才覚を働かせわずかの時間でもじゅうぶん楽しむことができる子でも、学校の成績が悪いといくら時間をかけて勉強したとしてもよく学んだと認めてもらえないばかりか、「遊びにばかり長《た》けてて、困ったもんだ」というつぶやきを頂戴することにもなったのである。

してみると、「よく遊び」の方は、遊びたいという子ども（人間）の衝動を奨励するように見せかけながら、実体は「よく学ばせる」ために差し出された馬の鼻先のニンジンではなかったかと思う。

仕事―遊びも、また然り

この「阿《おもね》りつつ、しかし決してその実は採らせない」というマイナーな位置づけは遊びを仕事と対置させる構図にもみられる。

ガンバッテー、ガンバッテー、仕事！

ガンバッテー、ガンバッテー、ア・ソ・ビ！

というコマーシャルがある。これなどもその典型だと思う。この場合は、決して「ア・ソ・ビ」が前に出ることはないのではないかと思う。

ガンバッテー、ガンバッテー、ア・ソ・ビ！

ガンバッテー、ガンバッテー、仕事！

というのではわが国の精神風土にそぐわないのである。大人になれば遊びは捨てて仕事に勤《いそ》しまねばならないのだという観念が、働きバチと言われようがエコノミック・アニマルと言われようが半ば脅迫的なまでにこの国を覆っている。遊びは仕事中心活動の余禄であり、余暇（あまった時間）を充てるものなのである。あまった時間など先に立ちようはずがない、という発想に支配されてきたのである。本当はまずア・ソ・ビたいと思っていても、これを先に立てると全国民のひんしゅくを買いかねない、とスポンサー氏は考えたのではないかと僕などは勘ぐってしまう。

遊ぶことは学ぶこと、学ぶことは遊ぶこと

篠田志づ子さんの遊び論に接して、しみじみとした欣《よろこ》びに浸された。（第七回「毎日二一世紀賞」入選論文）篠田さんもまた「よく遊び、よく学べ」にこだわり、「私は『よく遊び』ができない子なので、ほんとうは悪い子なのに、『よく学』ばない子だけがしかられる」ことに解せない思いを抱く。そしてドッジボールを放課後やれば遊びで、体操の時間にやれば勉強ということになるのがフに落ちない。加えて、「ナーニ、体操やうたなんぞ、どうでもええ。そんなもんは、遊びみたいなもんじゃ」と祖父がいうときの、みたいとはどういうことなのか、といったことにもんもんとした幼少期を過ごす。そして高等小学校二年の時、初歩の幾何学で相似形の証明問題をやりながら、ふと気づいて「遊びと、学びは、相似形や！」と叫んだ一三歳の発見――相似形の定義――にいきつくさまは爽やかな解放感に充《み》ちている。

ある時は遊びの形の中に学びの形が包含され、ある時は学びの形の中に遊びの形が包含される…この相似形の定義に照らしてみれば、草刈りの帰りもわきめもふらずに本を読み、休みもせず遊びもせず、一途に働き、勤勉の神様のようにされている二宮金次郎の石像にたいして篠田さんが抱いていた大きな矛盾と疑問も氷解してゆくのであった。

二宮金次郎は、遊ばないで働いた。遊ばないで勉強したというけれど、彼にとって労働も勉強も、楽しいことだったのだ。

楽しいことは、労働も勉強も「遊び」とおんなじことではないか。その両方は、金次郎の中で、全く相似形であり、互いに相対する辺や角を、同じ比例式をもってイコールにすることができるのだ。それは、ドッジボールが、遊びになったり、勉強になったりしたように。

と、篠田さんは「一三歳発見の定義」を述懐する。共通項は、「たのしみ」なのだと。

耳に、はえがとまる

ほんとうにそうだなと思う。遊びも学びも、それが真に充実していると感じられるのは、それが「たのしく」感じられる時に限られるといっていい。ある保育園で遊びの指導をテーマにしての公開保育を行なったところ、一段落したところで子どもが保母の服の裾をひっぱってたずねた。

「せんせい、もうあっち行って、いい？」自分の実践はうまくいったと思っている保母は、上機嫌で応えた。

「ええ、え、いいわよ」

すると、その子どもは言ったものだ。

「やったあ〜、やっとあそべる！」

これと似たようなことは、けっこう多いのではないか。遊びを「指導」することが安易になされたり、遊びで忍耐力をつけさせよう、遊びで社会性を身につけさせよう、という「教育的」発想がもちこまれることで、遊びのエスプリがそぎ落とされ、同時にまた学びも真の充実から遠ざけられ、貧弱なものにされている事態を考えてみなければならないと思う。

小学校一年の娘が、宿題をやったから見てくれと、ノートをもってきた。新しく習った漢字を使って文をつくるというものだ。

耳　：　耳に、はえがとまる。

学校：　学校にくるとちゅうで、川におちた。

この発想！　これも「遊びと、学びは、相似形や！」の一つの例証なのだろう。

《『leve［リーヴ］SPRING』N0. 10（岡山コープ）／一九九二年四月》

「優秀性」ということ

世界は、挙げて教育改革の時代である。日本にあって、我々もまた教育の改革論議のただ中にある。ところで、「何を」「どのように」改革するかについては、意見がわかれる。たとえば、学校教育を子ども・青年の学習権保障の観点から、国民教育制度としての一貫性を保つことを前提にし、その充実改善を希求する者と、教育に「市場原理」を導入し、現在の学校がすでに高度に具備するにいたった選別と配分の機能を一層助長する方向に導く者とでは、「改革」のなかみは自ずと異なる。

しかし、両者ともに、今ある状態より「優れた」ものを求めるという点では同じであろう。この意味では両者は〝同じ価値〟を是認するといわれるかも知れない。けれども、このことは両者が同じ価値を支持するというのでは決してない。それは、あたかも、ある人が自由主義者も保守主義者も社会主義者も、皆、「自由」とか「正義」といった〝同じ価値〟を是認するではないかといっても、彼らが同じ価値を支持するのでは決してないのと同様である。なぜなら、これらの相異なる集団は「自由」と「正義」というコトバによって、相異なることがらを意味するからである。

「優秀性」ということにも同じ論理があてはまる。すなわち、このコトバのもつ意味は、人によって違う。ある人が「優秀性」ということばに想いを馳せるとき、その人は、このコトバの中に自分自身の憧れとか、自分自身の観念に基づく「高い標準」とか、よりよい世界への自分自身の希望などを読み込んでいる。すなわち、皆、自らの関心の方向に沿った見通しの効く観点から、このコトバを解釈する。

このことは教育の領域においてもあてはまる。「優秀性」の概念が人によって異なる以上、それらの人々の間では教育的価値の問題をはじめ、教育目的や教育評価、さらには「何がなされるべきか」「何が善か」といった判断に関わる意見は対立する。つまり、「優秀性」というコトバは、共通の尺度あるいは共通の土俵の上においてこそ、初めて機能しうるのである。そうであってみれば、「優秀性」とは何であるか、いま一度厳密な検討を必要とする。何が、どういう状態にあって「優秀」なのか。

《『学報みまさか』第一二号／一九八七年三月》

三一年目の夏に

忘れられない先生がいる。中学二年の時に教わった音楽の先生だ。もう二度と会えないのだと、確信するまでに寂しい予感を抱くようになってからも、あることに出会う瞬間、そのたびごとに、いつも鮮やかによみがえる場面があって、その中に先生がいる。何かの折りに耳にするショパンの「別れの曲」を聴く時だ。

この七月、出張に出向いた折り、車を運転中に聴いていたラジオの音楽番組の終わりに、エッセイを募集するというお知らせがあった。NHKテレビの「風のスケッチ」という番組が「私の忘れられないこの一曲」というテーマで募集するというのである。そのアナウンスを聞いて、ふいに「別れの曲」が、そして先生のことが浮かんだ。出そう、応募しようという気持ちが突きあがってきた。

車を路肩によせ、応募にあたっての留意事項などをメモ書きした。そのとき聞き取れなかったことは、あとでNHKの松江や広島や東京の放送局に尋ね直した。そして、応募した。

《私の忘れられないこの一曲》

中学二年の冬、音楽の時間にショパンの「別れの曲」を聴かされた。たぶん、初めて聴く曲だったにちがいない。先生は、せつなく優しいこの不思議な調べを、何度も何度もピアノで弾いてくださった。そして、今度の卒業式でこの曲を歌いたい、歌詞を考えたからみんなに歌ってもらって三年生を送りたい、と言われた。当時、私を含めて男子生徒は、気恥ずかしさを隠すつもりもあってか、音楽なんぞはメンタ（女の子）のすることだと馬鹿にして、先生の言われることにもなんだかんだと文句を言っていたものだが、この提案はさほどの抵抗もなく受けいれられ、その冬じゅう、音楽の時間のたびに練習した。歌詞は三番までつけられており、思いをこめた先生のことばでつづられた「別れの曲」で三年生を送り出した。

先生は私たちが二年の時の一年間だけその学校におられて、その後、島を離れて松江の中学校に転出された。いまでも「別れの曲」を耳にする時はいつも、その歌詞の一部を口ずさみながら、先生を思い出している。

応募する時には、ひょっとすると…、という淡い期待を抱きはしていたものの、私のエッセイは番組では採り上げられなかった。八月一一日の夜一一時から放映された「風のスケッチ」の冒頭で、全国から二六三通の応募があったことが知らされたが、このとき番組の中で紹介された応募作品は八編だけであった。

エッセイを「風のスケッチ」へ応募した直後、思いもよらぬ巡り合わせから、先生が福山市におられることを知った。「確信するまでに寂しい予感」が、喜びの突風によって吹き払われた。

母の突然の入院で帰省した折りに中学時代の別の先生と連絡をとった際、その思い出の先生のことを尋ねてみた。尋ねた先生はその思い出の先生の後任として、私の中学三年の時の音楽の先生であり、その後も島で教員を続けておられていたからだ。尋ねた結果、驚愕した。二人は大学時代の同期生であったばかりでなく、小学生のとき同じクラスにいたこともある、と言われたのだ。思い出の先生は私と同じ島の生まれであり、同じ島で育った（あとで知ったところでは、一〇歳まで）というのである。

いま考えれば、教員は自分の出身地の近くに、あるいは出身県内に赴任する可能性が高い、というふうに思うのは一般的な読みであろうが、当時中学生の私には、教員の人事というような大人の世界のことに考えを巡らすことなど思いもつかなかった。まして、（これもあとで知ったことであるが）新卒で来られただけに、若くて美しく、誰にも優しくして下さる先生の、どことなく洗練された振る舞いや身のこなしを見ていると、どうしても島の人ではないような気がしていた。根拠があるわけではないけれど、本土の人、それも島根県ではない、もっと都会の人に違いない、と思うようになっていたのだ。

尋ねた先生に、思い出の先生のお兄さんを紹介していただいた。そして、そのお兄さんに教えていただいて、福山におられるという先生に電話をかけた。私が名乗ると、ほとんど同時といっていいくらいの短い間に、先生は思い出して下さった。私のことを、私のクラスの仲間たちのことを、中学校のことを。三一年前のことを。そして、懐かしさから、この年月の間のあれやこれやについて、ひとしきり熱っぽく話し合ったあと、お会いする約束をして下さった。

九月の初め、福山市内のファミリーレストランで再会した時、先生のお姿は、長い間私が抱きつづけていたイメージの通りであった。一杯のコーヒーで、気がつけば三時間もの間そのレストランでお話をし、そのあと先生の案内で鞆の浦の仙酔島を観てまわり、さらに夕食をご馳走していただいてお別れするまでのふんだんな時間、先生を独り占めした嬉しい再会であったが、この時お聞きした先生のお話は私を強く撃った。

こういう話である。昨年のこと、先生は、ある日一人の女性から電話を受けた。その人は私の中学校の一級下の生徒の木下春子さん（仮名）だった。先生は木下さんを覚えていた。木下さんは、やっと先生と連絡をとることができたことで、声を詰まらせながら嬉しさを伝えた。思い出の中の先生に寄せる木下さんの想いは、こんなふうであったという。

先生、私はいまバスガイドをしています。中学を卒業してからずっと続けています。先生に会いたくて、会いたくてたまりません。いつも先生のことを思っているのですが、どんなふうにして探して良いのかわかりません。先生、じつは、この三十年の間、ずっとバスガイドを続けているのは、こうしているといつか先生に会えると思っているからなんです。こうしていると、私のバスにいつかきっと先生が乗ってきてくれると思っているからなんです。先生は私を見てもわからないかもしれないけれど、私は先生のお顔をはっきり覚えています。たくさんの乗客の中でも先生を見分けられます。先生、もし先生がいつか私のバスに乗ってこられたとき、先生は気がつかなくても、その時は私のほうから声をかけますから、先生、その時はどうか笑顔で答えてくださいね。毎日、私は一人ひとりのお客さんの顔をじっと見ているんです。

先生は、昨年のうちに木下春子さんに会われたという。木下さんは、私より一年早く、願いを果たされたのだ。

《『いろはにこんぺいとう』第五号（美作創作の会）／一九九六年一一月》

共同の意志を育む

人は子どもの頃に、ものごとをありのままに見つめて感じる能力を養うものだ。だから、子どもの頃に残念な環境に置かれ続けて、感じる能力の貧しい大人が出てきても不思議ではない。子どものころに養った心を、大人になっても持っていられたら、世の中はもっとずっとよくなるにちがいない。――ケストナー文学の柱のひとつであるというこの想いは、保育・幼児教育に関わる者の胸を浸すものであるだろう。

子育ては人類悠久の営みである。ことさらに気負ったり、新奇を追い求めるものであってはならない。心がけなければならないことは、育ちゆく人間のよるべき世界を、力を合わせて築き上げて行こうとする意志をもつことだ。幼稚園教員や保育士をめざす学生に、親や国民の願いをこめた子育てへの共同の意志を育ませたい。

それには、求同存異――、私たちスタッフ自らが互いの異《ちが》いを認めることから始めたい。

《『学報みまさか』第四六号／二〇〇一年五月》

第Ⅲ部

キャンパスこぼれ花

それは、違う！

（その一）

現在、本学では学生に手渡される成績表は「優」「良」「可」あるいは「不可」などで記載されているが、ひとむかし前には一〇〇点を満点とする素点で成績を出すようになっていた。今でも、例えば「優」は「八〇点以上」とする点数区分そのものは厳存している。

さて、あるとき学生のレポートを読んで評価に行き詰まった。よくできてはいるが、こちらの要求水準に今一つ届かない。最終評価で「優」とするには今一つ決定打がない。しかし、まあ良くまとめてはいる…。そこで、どうしても「優」は与えられないが、最高の「良」、誇るべき「良」だよという賛美と励ましの気持ちを込めて七九点をつけた。ところが当の学生の受け止め方は、悲劇的とも言えるほど、正反対のものであった。

なぜ、先生は、ことさら一点だけ少なく、七九点にしたのですか。あまりにも意地が悪いじゃないですか。どうせなら六〇点を付けてくれた方があきらめがつきます。

※当時の点数区分では六〇～七九点が「良」であった。

（その二）

白梅祭（大学祭）の講演会で講師にいわむらかずお氏をお招きしたときのことである。僕に接待の役回りがきたので、講演の前後、傍らにいていろいろお話を伺う機会があった。

さて、いよいよお別れというとき、正門の両側には白梅祭の学生スタッフが勢揃いして、いわむら氏を見送る態勢に入っている。タクシーの後部座席の右側に乗っていた僕は、左隣りのいわむら氏が学生たちに良く見えるように、足を前方にうんと投げ出し、首を縮め体を思い切り沈め、シートに仰向けになるくらい極端に姿勢を低くして、学生といわむら氏の最後の交歓を手助けした。

ところが、ああ、またしても——。

先生、えらく踏ん反り返っていたね—。みんなで評判だったよ。


（一九九八年九月）

いろんな人種がいる

わがキャンパスには四年制の学部と短大が併設されているが、学部二学科、短大二学科を合わせても学生数一〇〇〇人というコンパクトな大学である。ところがこの大学には誇るべきことが少なくとも三つある。その一つは本学の略称が示している。「美女大」なのである。

二つ目は、学部学生の出身地が示している。地方の極小規模大学であるにもかかわらず、まさに全国津々浦々から本学にやって来る。この三月の児童学科の卒業生は岡山県外からの者が八割を越えていた。地方国立大学の教育学部では七割がその県内出身者であることと比較してみれば、異質の交流によってつくられる豊かな世界の土壌があるということだ。

そして、三つ目。スタッフに、いろんな人種がいるということである。いささか前のことであるが、好例をひとつ――。

三月初旬の暖かい日。正門を入ったところでOさん（助教授・物理学）に会った。

私 「もう、すっかり春だねえ」

O 「そうですかあ」

彼と交わした会話はそれだけ。しばらく行くと昇降口でKさん（助教授・化学）に会った。

私 「もう、春だねえ」

K 「どこがあ？」

彼とも、それだけ。第一校舎の廊下で老教授（美術）と会った。

私 「もう、すっかり春になりましたね」

老教授 「おう、そうなんだ。このまえ梅が咲いていてねえ…」

老教授は、梅の咲き具合から野山の景色のことなど、ひとしきり話されて満足したふうに帰って行かれた。

後で友人のSさん（助教授・心理学）に事の顚末《てんまつ》を話したら、認知心理学者らしく解説してくれた。

「Oは宇宙物理学が専攻だし、Kは微生物学が専門だ。等身大の人間の問題については、やっぱり老教授だねえ」

（一九九九年一月）

「ウッソー！」の中身

若く見られたい、と思うのは何も女性にとってだけの願望ではない。「お若いですね」と言われて「何を失礼な」と言い返す人に出くわす場面など、そうちょくちょくお目にかかれるものではない。からかい、おちょくりの類を除けば。もっとも、実際の歳とあまりにもかけ離れた開きを言われると、何だかそれまでの人生の厚みをホゴにされているようで、この場合は率直なところあまりいい気はしないと思われるが…。まあ、実年齢の一割五分くらいまでなら、若く見られた方が、大方の者にとって嬉しいものではないだろうか。男性を代表するわけではないが、男のはしくれとしてそう思っている。

さて、何年か前のことになるが、あるサークルのコンパの席でのこと。フレッシュな一年生に囲まれて、学内という世間を舞台にしてのよもやま話の折り、教職員のだれそれについての年齢が話題となった。そこはそれ、一興も二興もあった後で、今度は私が標的になった。

「先生、いくつ?」

ここで頭をもたげたのが、若く見られたい願望という色気。当時私は四二歳。四二歳の一割五分は六歳。したがって期待値は三六歳だ。日頃いろんな人から、お前は若い、と言われていたから、多分「期待値」である三六歳くらいには思ってくれるだろうと考えた。そこでかなり自信をもって切り返した。

「いくつに見える?」

先生、いくつ? と尋ねたその学生は、しばしの間、じっと私の顔を見つめて、

「ヨンジュウ、ハチ?」

と言ったのだ。私はほとんど絶句し、次の瞬間、勢い込んで言ったものだ。

「お前な、ひと回りも違うこと言ってどうすんだ！」

私のけんまくに怯《ひる》み、大きな見当違いをしでかしたという顔色を見せながら、それでも彼女は、訝《いぶか》りながらもはっきりと、次の言葉をくり出した。その場面を、臨場感を出すために若干巻き戻して再現すると、次のようであった。

「お前な、ひと回りも違うこと言ってどうすんだ！」

「エーッ、ウッソー！　じゃあ、じゃあ、ロクジュウ?」


（二〇〇〇年五月）

コヤギは小槍

思い違いは誰にでもあることだ。特に幼い子どもにあっては蓄えこんでいる語彙が少ないために、知っていることばで折り合いをつけようとするので、思い違いもしょっちゅう起こる。

次女が保育園の年長児であったとき、楽しそうに歌いながら帰ってきた。

　きょうは　たのしいこどもがえ～

やんちゃで人生の喜びにあふれている時期である。保育園でおそわってきた歌を、顔の半分を口にして、嬉しそうにくりかえし歌う。傍《そば》で洗濯物をたたんでいた妻が、屈託のない次女の顔を見ながら、

「お母さんも、子ども替えをしたいわぁ。」

子どものこの類《たぐい》の思い違いあるいは言い間違えは、ふんだんにある。たとえば、

マッチ一本味のもと

スーパーマリオ・ブラジャーズ

犬のおやつはドクフード（〝dog〟と「毒」）

など、これらもすべて次女の口から出たものだが、子どものボキャ貧ぶりからすれば、むしろ当然といっていいほどのものであろう。だが、我々おとなとて、似たような思い違いをして、しかもそのままずーっと思い込んできているものも少なくないものだ。

学部の一年生を対象とする授業で、子どもの言葉に関わって、このような言い間違いや思い違いについて触れた折り、「アルプス一万尺」という歌について、

アルプス一万尺コヤギの上で　アルペン踊りをさぁ 踊りましょ

というふうに歌詞を思い込んでいる学生が三分の二以上もいることがわかった。

そこはそれ、山登りが好きである筆者は、この歌は日本アルプスのことを歌ったものであり「コヤギ」ではなく「小槍」であることを、全体の歌詞の紹介や槍ヶ岳の頂上付近の図解つきで説明する機会を享受（教授？）することになったのだが、ある学生のしみじみと語る積年の疑問からの解放の言葉は、他の多くを代弁するものであったかも知れない。

私も小さい頃、アルプス一万尺子ヤギの…と歌っていて、子ヤギは人に乗られてかわいそうだと思っていた。

（二〇〇〇年一一月）

伏兵をかわす

大学入試センター試験は、実施主体者である大学人にとって、緊張を強いられるものである。全国の受験生が同じ条件のもとにおかれるように、つまり受験が公平に行われるように最大限の配慮が求められるからである。だから、会場となる大学の教職員に、受験生の中に身内の者がいても親しさを顕《あら》わにせず、むしろ普通以上に平然と対応しようとする意識がはたらくのも当然といえよう。

娘がセンター試験を受験した時のことである。私の部署は、娘と私が接触しないよう、実施本部によって前もって配慮がなされてはいた。だが、試験第一日目の朝、私は娘を呼んで次のように言った。

万一、学内で顔を合わすことがあっても、お父さんはお前を知らない受験生の一人として対応するからな。例えば、トイレの場所を教えるような場合があったとしても、「あっ、トイレですか。そこの突き当たりを右に曲がった所です」てな具合に言うからな。

娘も事情をしっかり理解したのだろう。神妙な顔つきで、「うん、わかった」と一言。

さて、第一日目の最後の試験が終わって本部の部屋へ戻る廊下で、受験生の一人（女子）から声をかけられた。

先生。先生は、○○○○《筆者の娘の名前》さんのお父さん？

絶句した。こんなかたちで不意を衝かれるとは。用意万端、今朝だって娘にもあんな風に言ってきたじゃないか。なのに、ここでこの子に「そうだよ」と頷くことなんてできやしないし、してもならないだろう。でも、こういう風に聞いてくるってことは娘の友だちなんだろう。それも同じ高校に違いない。そして娘の父親がこの大学に勤めていることを知ってのことだろうから、娘とは親しい間柄であるに違いない。そうすると、無下に否定したら、あとで事実を知ったとき、あのとき私が嘘を言ったと、この子は心寒い思いをするだろう。それに、ひょっとしてこんな風に聞くことをよそおってはいるけれど、この子は本当は知っているかもしれない。だとすると、シラを切りとおすのも大人気ない。さて、どうしたものか。どうしたものか。どう…。一秒の何分の一かの間に、こんな思いが頭の中をかけめぐった。挙げ句、私は叫んだ。

匿名希望！

（二〇〇一年五月）

学生の父親

M美（短大・一九八九年入学）は、卒業してから後、津山市内の施設で勤務を続けている。卒業間際のある時、彼女が市内で職に就き社会人生活を始めるに当たって、新たに家具を買い揃えるなどの細やかな準備に父親がせっせと足を運んできてくれる、ということを語ってくれていた。その父親が、たまたま大きな竹を必要としていた私に、直径八センチメートルもの青竹を山から伐り出して届けてくれた。

N子（学部・一九九〇年入学）の父親は、兵庫の県北にあって、志を同じくする人々と郷土の風土を守り文化を創る営みを展開している。一九九四年に発行された『但馬風土記』に「合唱詩／いのちの流れ―但馬讃歌―」がこの父親の作で載っており、同時に出されたCDではそれが「交響曲『但馬』」として謳われている。心温まる贈り物をしてくれた彼女は、少し足踏みをしたけれど、正規の教員として採用され、この春三年目を迎える。

S子（学部・一九九三年入学）は鳥取の出身である。同じ山陰の出である私との会話で、山陽と山陰の植生が話題になった時、津山では椎の木が見当らず、童謡に出てくる「椎の実」を大人でも見たことがない人が多い、ということを問題にしたことがあった。後日、彼女の父親が、わざわざ山に分け入り、椎の実を拾い集めて彼女にことづけて届けてくれた。卒論の指導生であった彼女は、保育士として五年が過ぎようとしている。

Y子（短大・一九九七年入学）は本を読むのが好きな学生だった。中でも丘修三がお気に入りで、研究室にある丘さんの本を片っ端から借り出していった。彼女の父親は郷土の山を愛してくまなく歩き、『九重讃歌』（東京新聞出版局）という素敵な写真集を出している。もっともっと満足のいく写真を撮りたい、との思いから、定年まであと数年ある公務員の職を辞めて、山の写真を撮ることに魂を打ち込みたい、と彼女に話していたという。その父親が山好きな私のために『九重讃歌』に署名をして届けてくれた。

研究室で交わす学生とのふとした会話から、学生の父親たちのさまざまな姿や生き方や心のあり方が見えてくる。対面して話をしたことがないその父親たちと、間接的にではあれ、このような交流を結ばせてもらうことを喜びとするのは、私もまた、同様に大学に通う娘を持つ父親であるからだろうか。私の長女もこの三月に大学を卒業する。

（二〇〇二年二月）

テンでちがう！

本学の略称は「美女大（びじょだい）」である。かつて本学の教員であって、今は亡き長江稔氏が、以前「学報」に次のように書かれていた。

さて、「美作女子大学」を「美女大」と略称することは、内容にさほどの偽りもなさそうだから許されてよいであろう。「学募」「特演」「オリゼミ」なども、部外者には分かりにくいが、部内では円滑に機能して支障はない。（第八号・昭和六〇年一〇月三〇日）

ところで略称「美女大」の世間一般への周知度ということになると、どうだろうか。長江氏のいうところの部内においてこそ、赴任当初の教職員が若干のとまどいと面映《おもは》ゆい気持ちを抱くのを別にすれば、もはや誰しも違和感なく耳にし、口にし、目にしつつの毎日ではある。だが、部外者に対してとなると、私たちの思い入れほどには受け止めてもらえてないかも知れない。女子美術大学と間違われた、ということも聞く。統計をとったわけではないが、多くの学生が日ごろ口にしているように、本学の学部は「みまじょ（美女）」で短大は「みまたん（美短）」と略称されるほうが通りがいいのかも知れない。

「みまじょ」も「みまたん」もすなおに縮められており、略称として自然ではあるが、赴任当初から、略称は「美女大」だと聞かされ、親しまされてきた部内の者にとって、この呼び方への愛着は強い。響きがいい。文字列から喚起されるイメージがいい。もちろん、長江氏の弁にあるように、内容にさほどの偽りもない。

あるとき、大学を広報する仕事に携わった折り、次年度入学生を求めるキャッチコピーをめぐって論議に熱が入った。キーワードを配した簡潔でインパクトのあるものをということで、いくつか候補がひねり出され、その一つに「美女大、好きです！」というのが挙がった。

さて、出そろったキャッチコピーがボードに並べて書き出されていくのをつらつら眺めているうちに、ふと妙な感覚にとらえられた。——くだんのキャッチコピーに「、」が抜けているではないか。曰く、

「美女大好きです！」

（二〇〇二年一一月）

話の鋒先《ほこさき》

個人情報を開示することになるが、僕の血液型はABのRhマイナスである。AB型自体が少なく、一〇人に一人の割合である。Rhマイナスは二〇〇人に一人の割合だということであるから、ABのRhマイナスは二〇〇〇人に一人ということになる。さぞかし心細いだろうと言われる向きもあるが、仮に日本の人口を一億人とすれば、その二〇〇〇分の一は五万人である。まさにゴマンといるわけだから、悲観するには当たらない。

ところで、僕もドナー（登録者）になっていて、これまでに五回、緊急の呼び出しを受けている。赤十字からの呼び出しには、何はさて措《お》いても「行かなくちゃ」という気持ちになる。輸血を必要としている未知の人との運命共同体的な絆を感じるのである。普段の献血もできるだけ行うようにしており、これまでで三十数回になる。針を射されるときの痛さを紛らわすコツも覚え、射されるのを嫌がって献血を渋っている学生に伝授もしている。

昨年の暮れ、所用で行った市役所で献血する機会があった。採血前の問診の時、いきなり、

ありがとうございます。ABのマイナスは浮気が激しいんですよ。

と言う。なんてことを言うのだ。医者か看護師かともあろう者が。しかも俗世間的な話題で、非科学的なことを！しかし、それでも真意を測りかねて、

えっ、そうなんですか？

と、問い返した。すると、

ええ、特に県南ではね。つい先日も緊急に必要だということで、二一人のドナーの方に呼びかけをさせていただいたんですよ。

と言う。どうやらウワキではなく、「ウゴキ（動き）が激しい」と言うことのようである、と、この時になって気づいた次第。

さて、その晩、誘われて同僚二人と四年生五人のコンパに加わった際、市役所での事のてんまつを話して聞かせた。大いに受けて、話題提供者が悦に入っていたところ、

それにしても、「ウゴキ」を「ウワキ」と聞き違えるなんて、先生、心当たりがあるんじゃないの？

と、急転、秋の台風の進路のように、鋒先《ほこさき》がこちらに向けられた。卓を囲む学生たちの楽しそう（？）な顔、顔。なんの負けじと、もいちど急転――

エッヘン！　君タチ、卒論ハ、チャント進ンデイルンダロウネ。

（二〇〇二年一〇月）

カワイイ申し立て

今年もまた卒論の追い込みの時期になった。

追い込むというコトバには気迫が感じられる。状況がどうであってもゴールを確保する意志が込められているからだ。進み具合が順調であれば最後の詰めに力を集中させる構えが、遅れているとすれば「何が何でも書き上げるぞ」という失点挽回へ向けた全力投球の構えが感じられるからだ。

二〇年も卒論学生とつきあっていると、さまざまな事態に遭遇する。構想を温め、温めて、いっかな書き出さず、指導する側のこちらが焦《じ》れても泰然として微笑み返してくれてた学生が、なんと、それこそ追い込みで、ものの見事に質の高い論文を書き上げて、唸らせてくれたことがある。そうかと思えば、こちらが追い込んで追い込んで、もう一つ追い込まざるを得なくなっても、ついに逃げ切られてしまった感が残るツワモノ学生とのつきあいもあった。

さて、つい近年、四人の女子学生の卒論指導を受け持った時のことである。

秋口までの指導は四人一緒にゼミ形式で行い、一〇月からは日時を違えての個別指導に切り替えた。学生たちは順繰りに研究室に来たのであるが、二人目の学生からエライ「申し立て」をされてしまった。内容を、彼女の口吻に似せて示せば、あらまし次のごとくである。

—先生、これで終わり?　〇〇ちゃん（最初の学生の愛称）は紅茶を出してくれたと言ってましたけど…。あ、それから、子どもさんの写真を見せて貰ったって…。先生、今日は忙しいんですか…。　云々。—

要するに、彼女は、前の週にやって来た友人の「〇〇ちゃん」から一部始終を聞いており、同じように遇して欲しいと率直に不満を表明していたのである。実際その日は、前の週の学生の時のようにお茶を飲んで雑談をする時間的余裕がなかったのだが、率直に申し立てをする彼女の顔を見て、弁明は無力であることを直感した。それにしても、なんとカワイイ申し立てであろうか！

以来、この申し立てをゆめゆめおろそかにすることなく卒論指導に当たろうと心がけている次第。

（二〇〇三年一一月）

歳とともに時間が早く過ぎるのは？

一日が長く感じられ、一年が経つのが早いと感じるようになるのは歳をとった証拠である、という。どれだけ歳をとればそんな心境になるのか解らない。確かに、一年が経つのが早いとは思うが、一日を長く感じることなどおよびもつかないくらいだから。正直、六時間くらい「隠し時間」がほしいところである。

ところで、ある程度歳をとると、ほとんど皆が皆、一日の長短の感じ方はともかくとして、年々、一年の過ぎ方が早まって行くように感じるというのはなぜだろうか？

第一の説　話をわかりやすくするために、五〇歳の人と三歳の子どもを対置させて考える。この場合、三歳の子どもにとっての一年は、ナント、その子どもの全人生の三分の一を占めるが、五〇歳の人にとっては五〇分の一でしかない。つまり、両者の人生における時間の「過ぎられ方」の比重（早さ）がちがうのだと。これだと、歳をとるにしたがって徐々に確実に一年の比重が小さくなる。すなわち、徐々に確実に「早まる」のである。

第二の説　時間は物理量だから、客観的で不変である。これを川の流れにたとえてみよう。二〇歳の青年がたやすくついて行ける流れの速さに、八〇歳の老人はついて行けない。つまり、歳をとればとるだけ、確実に流れ（＝時間の流れ）が早くなるのである。

ある時、研究室に来ていた学生を前にして、この二つの説を、少々得意がって紹介した。すると、その学生が、次のように言うのである。

第三の説　「先生、私は、発見することの量（種類）の違いじゃないかと思います。だって、子どもは一日のうちにでも、とても多くの新発見をするんですから、いっぱいの発見（＝いっぱいの時間）を数えられるんだと思います。おとなになって行くにつれて、新しく発見することはだんだん減って行くんじゃないのかしら。」

さて、この三つの説を本学のある老教授に紹介したところ、彼曰く、

第四の説　「ここまで生きて来て、やり残していることがある。だが、〝余命〟に照らして見ると、とても時間が足りないと思う。時間が早く過ぎる。一年があっという間だ。」

皆さんは、どうお考えですか？

（二〇〇四年五月）

月が沈むとき

新月から満月に至る間の半月を上弦の月、満月と次の新月との間の半月を下弦の月と呼ぶのであるが、実際の夜空においてではなく、いきなり図像や写真で半月を見る限り、上弦下弦を判別するのは難しい。同じことは三日月と二十三夜月についても言える。季節と日時を度外視しては天体の運行を理解することはできないという当たり前のことを、最近、「目から鱗」の感激をもって知る機会があって嬉しかった。

ところで、私には、もうかなり前から心を占めている想いがある。それは月が沈むときの情景にかかわることである。私たちにもっとも馴染みの深い二つの天体、太陽と月の、それぞれの出入りの場面を思い浮かべてみる。「日の出」「日の入り」「月の出」「月の入り」（この場合の月は、満月を想定していただきたい）である。このうち最初の三つの場面は、それぞれ意匠を凝らした感動的な天体ショーを現出し、私たちはそこに織りなされるさまざまな情景に惹きつけられる。それらのうちのいくつかは、あるいは永続的な心象となって、私たちそれぞれの心の奥深いところにあって精神世界を彩ることに与《あずか》っているだろう。

だが、「月の入り」の場合はどうだろう。私は、月の入りに、先の三つの場合とはあまりにも大きな違いを発見して、愕然とした時のことを思い出す。

ちょうど二〇年前になるが、津山線の始発で岡山に向かう折り、明け方の山の端に何気なく目をやったとき、たまたまそこに満月が沈んで行く瞬間を見たのである。何も変わらなかった。私が息をしている周囲の風景には微々たる変化もなかった。明け方の空の色に同化していた月は、自分の周囲の天空の一点をも染めることなく、ひっそりと、山陰に己《おの》が身を隠したのである。太陽が、天空を染め上げ、人々の注視を浴びつつ没するのに比し、月は周囲の誰をも騒がすことなく、己が役目を終えて静かにいとまを告げていく…。

今年の六月、以前に本学の学生であったTさんが亡くなった。彼女は、私が本学に赴任して数年後に入学してきたが、当時すでに小学生の息子さんのいるお母さんであった。話に聞く彼女の卒業後の生きる姿勢と、死期を知りつつ生活されていたという最期のすがたは、私の中にあって、月が沈む情景に重なって見える。

（二〇〇四年一二月）

カーナビ

四、五年前のことである。関西から那岐山《なぎさん》へ登りにきた中年のご夫婦がいた。那岐山は岡山と鳥取の県境に位置する人気の高い山で、その秀美な山容はわがキャンパスの校舎屋上からも眺められる。

さて、そのご夫婦が頂上に登り着いて休んでいると、たまたまそこへ私の友人が登り合わせることになった。次は、そのご夫婦（A）と私の友人（B）との会話である。

A　話には聞いてましたが、那岐山はホントにいい山ですねぇ。

B　僕らもこの山が好きで、よく来るんです。ところで車で来られたと言うことですが、道中の景色もよかったでしょう？

A　いやぁ、私たちゃ、ずーっとカーナビ見てましたもんですから、途中の景色は見ておらんのですわ。

友人からこの話を聞いたとき、なんて味気ないことを！　と強く思った記憶がある。カーナビって、何なんだ！

と。

ところが、その後、私は、カーナビを忌避までしなくともそう重要視もしていなかった認識を覆《くつがえ》されることになった。

ここ三年ほど、出張の折りにレンタカーを使うことがあるが、初めこそおっかなびっくりで使い出したカーナビから、今ではその威力をまざまざと見せつけられることになっているのである。入力するデータさえ正確であれば、まったく地理不案内の場所であっても、探し求める施設や卒業生の勤務先の至近にまで導いてくれるのである。とっぷり暮れた雨の降りしきる大都市の入り組んだ街中であっても、宿泊予定のホテルまで、そのほとんど玄関まで誘導してくれるのである。これは凄い！　と思う。

だが…、と一方でまた思うのである。カーナビは「文明の利器」に違いないが、それはまた現代社会に支配的な効率を至上価値とし、途中の景色を楽しむというような「余分なこと」や知らない土地で道を尋ね合うといった「煩わしい関係」を断ち切って、人間とその行動を「個」化する方向へ導くシステムの象徴なのではないか、と。

本学の教員の車のダッシュボードの上に、掌《てのひら》サイズの小さい鍋が置いてあるのが目にとまった。中に畳んだ地図が入っている。ワンタッチで展《ひら》いたり畳んだりできる折り方だという。風変わりな感じがしたので尋ねたら、彼曰く。「僕も取り付けましたよ、カーナベです」。

（二〇〇六年一一月）

麺《MEN》三話

〔第一話〕Ｍ大学の教員Ｍはうどんや蕎麦《そば》の類が大好きで、最近、学生食堂のメニューに讃岐うどんが加わってからは、そればかり食べてご機嫌である。同僚からメン食いだと揶揄《やゆ》されても、面食らいません、と涼しい顔。

ある日、彼は、農道を車で走っていて、トンネルを抜け出たところで「セレブうどん」と大書してある看板を見つけた。こんな辺鄙《へんぴ》なところにセレブのうどん？　いつも通っている農道のどこに？　どうにも腑に落ちない彼は、見間違いかと、Ｕターンして看板の文字を見直した。なんと、「セルフうどん」という貼り付け文字の、「ル」の左側の「ノ」が脱落しており、さらに「フ」の右肩のところに木の葉が、それもちょうど二枚、引っ付いていたのだ！

〔第二話〕Ｍ大学では松江市に入試の地方会場を設けている。安来市の国道九号沿いに「そば処Ｍ」という評判の蕎麦屋があるので、Ｍ大学の教員たちは、入試で出張がある時は、帰りにここで遅い昼食をとるのを楽しみにしている者が多い。以前から客が多く、冬場など、列をなして順番を待つ者の背に、日本海から雪や風が直接吹き付けたものだ。数年前にゆったりスペースの待合棟が建てられ、今は待つ間の寒さは免れる。

が、そんなに待たなくても、探せば他にうどん屋もあるだろうに、とにかくここに入りたいという気持ちをどう表現しようか。日本海の曇り空を見ながら、以前「どんより」という言葉を使って短文を作らせたら、ある子どもが「うどんよりそば」と答えたという話を思い出した。

〔第三話〕これもＭ大学の学食での話。学長のＭ先生が昼食のラーメンを前にして、割り箸を手にとって割り離した途端、午後一時からの会議を思い出された。時計をみると五分前。Ｍ学長は文字通りひと箸も口にしないで会議場へ急行された。居合わせた数人の教職員はその潔《いさぎよ》さに感服、脱帽、感嘆しきり。私だったら、僕だったら、のっぴきならない状態ということで、一口でも二口でも食べられるだけ食べて行くかもね、といった会話が続いたものだ。実際、カップラーメンに湯を注いでる最中の呼び出しに、「済みません。今、取り込んでますので」なんてやってる平素のわが身をふり返った次第。

記念にと、割り離されたまま使われなかった箸は私が貰い受けたが、それは、いまも机上のペン立てに他の文具に混じって立っている。

（二〇〇七年三月）

人は石垣 人は城

今年一月末、幼児教育学科一年のN君が退学していった。退学に先立って彼はクラスメート全員の前であいさつをした。クラスメートたちは、皆、彼の退学を温かい励ましの言葉で送ったという。いつの間にか誰それがいなくなった、どうも退学したらしい、という状況が普通に見られるなかで、このN君の退学に際して展開された光景は、伝え聞く者にも気持ちの良いものであった。

三月、わが職場の教職員送別会で、Uさんが退職者と転任者の紹介をされ、その心温まる紹介の仕方が強く印象に残った。後日、本人や他の人から聞いたところでは、送別会の前日になって突然に降って来た（振って来られた）役目であったとか。急遽、周りの人に退職者や転任者の経歴を尋ねて回ったご苦労をお聞きした。ともあれ、Uさんの人柄が滲《にじ》んだ心のこもった紹介は胸に染《し》み入るものだった。

それにつけても、いつの間にか誰かある人の姿が見えなくなって、あとでその人が退職していったことを知る場合は寂しいものだ。退職の事情もさまざまだろうし、どこの職場でも生起している日常の風景かも知れないが、それでも、教員と職員とが一体となって教育と学園の意思形成に携わり、日々の学生指導に一丸となってあたっている小規模大学の本学にあっては、勤めに対するねぎらいをひと言かけられる機会を工夫することはできないだろうか。年度途中の退職者にあっては、その年度の終わり（三月）に催される送別会で名前があげられることもなく、本当にいつの間にかいなくなってしまった、ということになる。

さまざまな事情から、なかにはごく短期間の勤めで退職して行かれる方たちがいるが、その方たちの学園全体で見送られたという思いは、学園の将来にとって必ずや陰の大きな力になるものと思う。ＮＨＫ大河ドラマで「風林火山」が放映中であるが、戦国の世を遠く下った一九六一（昭和三六）年に「人は石垣 人は城」というフレーズを謳い込んだ「武田節」が世に出た。信玄は大きな城を造らなかったというが、かの戦国武将が一番の恃《たの》みとしたのが何であったかを見抜こうとした作詞者・米山愛紫の慧眼に感じ入る。

石垣の石は見えない部分の石も組み合わさっている。〝縁の下の力持ち〟の尊さをあらためて思う。

（二〇〇七年七月）

教え子の立ち姿

学外実習の巡回指導や学生募集、あるいは就職開拓などで、「教え子」が就職している職場を訪問する機会がある。こちらとしては、訪問先に教え子が勤めていることを予め知っていることもあれば、そうでない場合もある。そうでない場合でも、「ここには、ひょっとして誰か…」と予想をたてる暇《いとま》もなくはない。しかし、当の彼ら・彼女らにすれば、ほとんどの場合、いきなり目の前に「恩師」が立ち現れるのであるから、仰天とまではいかなくとも、まず、びっくりする。びっくりさせて申し訳ないが、この瞬間の態様は、率直に、心底うれしい。「びっくり」の表情のなかに、彼ら・彼女らが学生として過ごした時間が、卒業してこのかたの苦労や頑張りや生活の在《あ》り様《よう》を貫いて、いま現在の彼ら・彼女らの存在を照射する光源のごとく感じ取れるからだ。

ある年の六月、その年の三月に卒業した教え子の勤務先を訪問した。広島県の瀬戸内海に面する施設で、来意を告げに事務所へ向かう途中、炎天下の園庭でばったり教え子のW子に遭遇した。僕を見た途端、彼女の顔はクシャクシャになり、涙があふれて止めどがない。突然のことに、こちらもおろおろする始末。ややあって落ち着いたので、事情を聞くと、あまりに遠い懐かしさで、自然にそうなったのだという。私に短大の時は、いつ、あったんでしょう、とも言う。あふれる涙は、卒業以来の三カ月に満たない間にも、日々、あまりにも多くのことがめまぐるしく押し寄せ、一日の出来事が何十日分もの出来事のように感じられて来たことの結果だったのだろう、と思う。在学中、すこぶる明るく、屈託のない笑顔でクラスを結びつけていたW子の苦労と奮迅の努力が思いやられた。

卒業後何年か経って教え子に会うとき、学生の時には見られなかった「人間」を発見することもある。そんなとき、あらためて、「限定することはできない」という意味での〝無限の可能性〟を確認する。

ある病院を訪問したとき、受付で、爽やかに、かつ、てきぱきと対応をしている女性職員が目にとまった。見れば、その時点で、四年前に卒業したK子である。彼女の在学中、ひとかたならぬ世話もさせられたし、「先生にそんな風に言われる筋合いはない」とまで言われ、それでも卒業までにはなんとか関係修復もできた、まあ、忘れがたい学生であった。先方も僕に気付いたが、目の前の来院者への懇切な対応を怠るようなことはしない。こちらの用件を済ませ、いよいよ帰り際に声をかけたら、頃合いを見計らっていたように、こちらに笑顔を向け、「先生、私、ちゃんと仕事してるでしょ。」

うれしさがこみ上げてきた。

（二〇〇八年一二月）

コミュニケーション能力

現在、社会の各方面において、若者のコミュニケーション能力の低下が問題とされ、大学の推薦入試や就職時の面接などにおいても、コミュニケーション能力の有無が最重要ポイントと目されている。いきおい受験や就活向きに、コミュニケーション・スキルの上達法といったハウツーものの出版が店頭に平積みされる状況である。

以前から、大学生の言語能力の低下が指摘され、それは少人数のゼミ形式授業のように、多少とも改まった場面における意見のやり取りの少なさと、結果としての議論の貧弱さということで言われてきた。ところが今では、自らの考えや意見を述べるという次元を超え、尋ねられたことに対して答える――（尋ねられた内容を外れないで）――ことすら覚束《おぼつか》ない者をしばしば目にし、耳にもする。喋れないとか話すのが億劫《おっくう》だとか言うのではない。仲間うちでの声高なお喋りや授業中のさざ波のような私語などは日常的光景であり、その一方での、世をあげてのコミュニケーション能力の必要とそのスキル向上についての溢れる言説である。

顧《かえり》みれば、私たちは、ほぼ一世代くらい前から、それ以前にあっては自ずと持ち得、身につけ得た能力を、生活文化と行動様式が変わる過程で「無化」させられてきたと思う。かつては持ち得たはずのコミュニケーション能力を訓練する機会を殺《そ》ぐように、削《そ》ぐようにさせられてきたと思う。

起床する。パジャマの上にパーカーを羽織って車で出かける。ドライブスルーの店やベンダーショップでファスト・フードやドリンクを買い、スーパーや書店で欲しい商品や本をカゴに入れ、映画館で観たい映画のタイトルを指し示してお金を出せば、ひと言の会話もなく用を足すことができる。カーナビとETC付きの車であれば、誰に道を聞くこともなく、どこへでも行ける。約束していた相手には電話でなくメールで断りを入れる…。この調子で、日常生活の大部分をカバーし得る。これではコミュニケーション能力を訓練しようがないではないか。

だからこそ、ということでコミュニケーション能力のスキル向上に躍起となっても、それが勇み足になっては、これまた不都合である。スキル向上のノウハウを説く者のなかには、とにかく発信させるのに急で、互いの発信がぶつかることでハレーションが起きているからだ。

阿吽《あうん》の呼吸、以心伝心、魚心あれば水心…といった境地がコミュニケーションの極致であることに思い至れば、饒舌やサービス多弁がコミュニケーション能力の証《あかし》とはならないし、時には発信を控えて「行間を読む」「忖度《そんたく》する」ことでしか了解に繋がる道がない場合もあるに違いない、とも思っている。

（二〇〇九年三月）

学生と旅行

先日ひらかれた四国での出張オープンキャンパスの折り、二年前の卒業生が会場に来ていた。卒業と同時に地元の病院に医療ソーシャルワーカーとして正規採用された彼女は、後輩である高校三年生たちを前にして、本学で過ごした四年間のキャンパスライフを紹介し始めた。快活で表情豊かな語り口に思わず引き込まれて聞いていたが、ある話題のところで、一瞬、へぇ〜と声には出さなかったが、少々驚いたことがある。四年間の学生生活にあって、一年に一度は外国旅行をしようと決心し、それを実行したというのである。

学業そっちのけで学生生活を謳歌することに精を出していたというのではない。本人が言うように、しっかり学んで資格を取る一方、「年一の旅行」の資金集めとしてバイトもしっかりやって、なのである。でなければ卒業と同時に正規採用になるはずがない。う〜ん、性根がすわってて立派だなぁと思った次第。

学生の旅行ということで思い出すのが、数年前の卒論指導生たちとの会話である。

私「卒業旅行に行くグループが多いけど、君たちも行くの？」

学「ええ」

私「そうか。流行《はや》りだもんね。最近はアメリカあたりが多いと聞いたけど、君たちも、そう？」

学「いえ」

私「じゃ、ヨーロッパのどこか？」

学「いえ」

私「グアムとか？」

学（首を振る）
私「そうか。まぁ、みんなが行くからって、何も遠いところじゃなくても、近くでいいところいっぱいあるもんね。香港とか、韓国とか？」
学「違うんです」
私「あっ、そうか。別に外国じゃなくってもいいんだよね。北海道とか、九州とか？」
学（首を振る）
ここら辺《あ》たりで止めておけば良かったのかもしれないけど、流れとして引っ込みがつかない気にもなり、外国に行か（け）ないということへのフォローも込めて、
私「案外、東京なんかもいいかもしれないよね。高校の修学旅行と違って、卒論書き上げたあとの解放感ってやつもあるだろうし」
学「先生、私たち、違うんです」
私「そう？　京都とか関西？」
学「（首を振る）」
私「どこなの？」
学「湯郷《ゆのごう》です」

《湯郷《ゆのごう》》美作三湯の一つで、本学から車で四〇分くらいのところにある温泉地。

（二〇〇九年九月）

サバティカル入院

大学にはサバティカルと呼ばれる研修制度がある。これは大学の教員や研究者等が、給与を受けながら所属部署の職務を免除されて、一定期間（六カ月〜一年が多い。複数回もあり得る）を自己の研究の推進・向上に専念できるという、タイヘン結構な制度である。もともとは、サバティカル・イヤーという旧約聖書における古代ユダヤの安息の年（七年ごとの休耕の年）ということらしいが、一般には、相応に勤続した大学教員に対して、順繰りに〝ご褒美〟として与えられる海外研修の機会というふうに受け止められる向きがある。もっとも、この制度は国立大学や大手の私立大学を中心とするもので、規模の小さい私大や短大での導入・整備は未だ不確かなところが多い。本学のような小規模大学にあって、日々の教育と学生指導、それに諸々の学内業務の合間を縫っての一、二週間の「プチ・サバ」を積み重ねて優れた実績をあげている方々には、心底、敬意を表したい。

ところで、いささか古い話になるが、今から一六年前、本学に勤める知人の教員が、勤続一〇年目にして三カ月ほど入院生活をおくっている。その時、病床に伏しながら彼が思ったことは、「やれやれ、職場の日常業務の慌ただしさを離れて居れるんだから、これは一種のサバティカルだわぃな」ということであったそうな。期末試験やレポートの採点、年度末・年度始めの書類書きなどは病床での仕事として持ち込まれたが、あとは読書とリレハンメル冬季五輪のテレビ視聴、そして何年ぶりかでの大相撲・中入り後の取組実況を思う存分楽しんだという。

さて、その彼が、昨年の夏、はからずも一六年前と同じ病院で六日間の入院をした。病名も入院期間も以前とは異なるが、サバティカルという点では、正真正銘、これこそ本来の「研修」で、それを身をもって感得したという。曰《いわ》く。かねて「医療・看護の仕事は、どこか教育の仕事と似ている」といわれるが、それはこういうことだったのか、と。

一、一人の患者に対し、その者に適った処方をする。（病気一般ではなく、その人の病状から）
二、一人の患者に対し、チームプレイであたる。（看護師による業務の引き継ぎ）
三、無理のない、段階的処置。（ポリープの剔出を二回に分けた）
四、予期せぬ事態へのフォローアップ態勢。（手術後の出血）
五、自分の症状をすべて素直に報告し得る心理・心境におかれること。（排便直後の便状況を若い女性の看護師に診てもらった）
六、励ましとユーモアと治癒への意欲の醸成。（主治医「入院生活を楽しんで下さい」）

どうだろう。「子ども」や「教師」や「教育」に振り替えてみて、あたっているだろうか。

（二〇一〇年三月）

たまもの

春には、退職や転職や卒業などで職場や学園を去って行く人との別れがある。そしてその折り、お別れする方から贈り物をいただいたことが何度かある。小さな紙袋や籐《とう》の小籠《かご》に詰められたお菓子、ガラスや木工のペーパーウェイト、ハンカチやバンダナ、シャープペンシル、コーヒーカップ、パネルに仕立ててくれた記念写真や写真立て、アンデルセンの意匠の紙を切り抜いて作られたモビール、陶器の小罎《びん》に入った焼酎…。それぞれの贈り物に込められた気持ちに想いを馳せるとき、まさに「たまもの（魂物）」として、しみじみ幸せを感じ、感謝に浸される。

そして、「たまもの」はまた、深く心に刻まれる強い印象の振る舞いとしていただくことがある。

昨秋。正確には、一〇月三一日（土）、午後九時一四分のことである――。

自宅に帰ろうとして、車で、短大校舎前から本館東側の狭い道（乗用車一台分の幅ほどしかない）に差しかかったときである。前方右側（右ハンドル車の運転席側）に自転車が一台停めてあった。私は、このままでは車を通すことができないと判断し、停車しようとしたその時、その自転車の後方へ、本館の玄関あたりから一人の女子学生がやって来た。彼女は、最初は、誰もがいつも多少窮屈そうにしながらもそうしているように、私の車の左側（運転席の反対側）を通過しようとした。が、私の車の前に立ちはだかっている自転車を認めるや、一瞬立ち止まった後、停車寸前の私の車の前を横切って、立て駐《と》めてあった自転車に駆け寄った。そして、その自転車を道の縁にそっと寄せ、車が通れるようにしてくれたのである。

彼女自身はというと、まず私の車を通過させ、自分はそのあとで動き出そうという気配を見せている。何気ない、自然な動きのなかでのその処置に、いたく感心（胸キュン）し、とても嬉しく思った。卒論の準備か何かでそんな時間になったのか、片手に手提げカバンのようなものを持ち、胸にはファイルのようなものを抱えていたようなのに、厭《いと》うことなくそのように振る舞ってくれたのである。助手席のウィンドウガラスを下げてお礼を言ったら、彼女は、軽く会釈を返しただけで歩み去った。

あとで気づいたことだが、私はその時、明るかった水銀灯のためであったのか、迂闊《うかつ》にもスモールランプを点けただけで徐行していたこともあって、逆光の中で立ち振る舞ってくれた学生の顔をはっきりとは見ていない。ひと秋の宵に演じられたあの学生の振る舞いもまた、私の心の襞《ひだ》に深く刻みつけられている「たまもの」である。

（二〇一〇年七月）

※本章に掲げた一九編は、筆名で『学報みまさか』（美作大学・美作大学短期大学部）に不定期連載中のものである。一九九八年九月から二〇一〇年七月までの、一部を除いたものを、学報への掲載順に転載している。

第Ⅳ部

あいさつ・メッセージ

ごあいさつ――岡山県私学助成をすすめる会会長として――

「一・二四私学ウェーブ」にご参集の生徒・学生・父母・教職員・県民のみなさん、署名運動をはじめとする連日の活動ご苦労さまです。

この「私学ウェーブ」は、私学助成をすすめる私たちのこれまでの運動を集約し、今後を展望する大きな節目の集会となります。開催期日決定後に、急遽《きょ》、前会長の後を引き継ぐことになった事情があるにせよ、このうえなく重要なこの集会に参加できないことを、心底、心苦しく思っております。本日の「私学ウェーブ」から多大の成果が生み出されることを祈念し、メッセージというかたちで、ご参集の皆さんに連帯いたしたく思います。

この一〇年間、私たちは署名活動を軸にして私学助成のための諸要求を訴え、運動を積み上げてきました。この、私学をよくするための運動と実践は、多くの父母と教職員が手を携えるなかで、いまや国民的な要請行動にまで高められてきました。前回の請願署名運動で全国から二五〇〇万を超える署名が寄せられたことは、私学の教育に対する父母国民の切実な願いと、私学が果たしている役割の大きさを改めて示す証しとなっています。

このことは、昨年一二月に大蔵省から来年度予算原案が内示されたとき、私学助成関係予算では大学、高校ともに対前年度比で減額となっていたのが、その後の復活折衝で、微増とはいえ前年度比増額となったことにも示されています。

私たちは、国民的な連帯に希望を託し、確信をもって運動を進めたいと願うものですが、しかし、今回の復活折衝にあたる森山文相が「いちばん難関だった」というように、私学助成をめぐる状況には依然として厳しいものがあります。

このような状況の中、昨年一二月一〇日に、高校・障害児教育をよくする岡山県民の会とともに、六五万四〇〇〇余の請願署名を県議会議長に提出したあとも、署名活動は連綿と続けられています。本日の「私学ウェーブ」の成功を踏まえての、県への要請行動、国への請願書名の提出など、今後の取り組みの重要性がますます高まっています。

皆さん、ともにがんばりましょう。

《「一・二四私学ウェーブ in シンフォニーホール」（岡山市）参加者へ　一九九三年一月二四日》

また、委員長になって

再び、と言おうか、単年度を区切りと考えて「四回目」と言うべきなのか——また、委員長である。自ら進んでなったのでは、もちろん、ない。仕方がないのかなぁ、というのが正直なところである。

美女大に来て今年で一〇年目になるが、この間、新生の美女大教職員組合の書記長を二年、それに引き続いての三年間を委員長として務めたことがある。急いで付け加えておかねばならないが、とくにこの方面の活動が好きであるからとか、大学における教育や研究よりも組合活動の方が大事だなどと考えているのでも、毛頭、ない。共々に生業の場の条件をより良くしていこうという営為に参画していく中で、事の成り行き上、踏んばって務めあげたというのがあたっている。それが、また——フロンティアは、依然として眼前に展がっているということだろうか。

ところで、新生の美女大教職組の基本姿勢は一貫している。それは、「教育研究機関にふさわしい教育・研究・労働の体制」を創り出そうとし、そのために「多くの声と力の結集」につとめ、要求の実現に向けて「協力・共同」することである。そうであるからには、組合員一人ひとりが必要な負担を分かち合い、つねに斬新な発想を還流させ、清新な活力を生み出すことによって、活動の停滞や淀みを取り去っていかねばならない。組織活動とはそういったものであると思う。

周知のように、私たちの職場環境は手狭である。人手ももっとたくさん入り用である。限られた人員ですべてをまかなうため、仕事は多い、会議は多い――。多い会議をなんとか整理するために額を寄せあえば、それがもう一つ会議を増やすことになる、というような状況でもある。私たちの組織と活動こそはこのような状況を打開できるものでなければならないと思う。

懸案の課題を抱え、内も外も状況は安穏ではないけれど、数名の新しい加入者の存在は大きな励みである。

《『くみあいニュース』第二一五号（美作女子大学教職員組合／一九九三年七月》

岡山私教連第四三回定期大会へのメッセージ

―岡山県私学助成をすすめる会会長として―

岡山県私立学校教職員組合連合第四三回定期大会おめでとうございます。岡山の私学教育の運動において伝統と実績を積み重ねてこられ、いまなお果敢に状況をきり開き続けるあなた方の意志とご努力に敬意を表し、明日の私学教育の創造をめざす運動につらなる者として連帯のご挨拶を申し上げます。

さて、教育をとりまく状況は厳しく、とくに私学教育をめぐる動向は、一九九四年度予算において近年類を見ないほどの国庫補助金大幅削減となったように、極めて厳しい状況になってきました。

今日、私学は国民教育制度の一環として位置づけられ、私立学校法や私学振興法等でその健全な発達が図られることが期待されてきました。しかるに今回、来年度予算がこのようなかたちで決定されるにいたったことは、国自らが、今日の日本の社会で現実に機能している私立学校の存在を軽視し、私学関係者の努力を無化しようとする私学教育「見直し」論に歩調を合わせ、その最初の踏み込みを行なったものと考えざるを得ません。

しかし、このような状況を私たちは座して見守っているわけにはいきません。私学をよくするための運動と実践の高まりは全国津々浦々で展開される逐年の全国三〇〇〇万署名運動となって、いまや私学をよくするための国民運動にまでなっています。私たちも昨年一二月九日、高校・障害児教育をよくする岡山県民の会とともに、六二万余の請願署名を県議会議長に提出しました。そして、この一月にはシンフォニー・ホールに二〇〇〇名が参集して「一・二三私学ウェーブ」を成功裏に行いました。これらの取り組みに結集された力を励みにもし、バネにもして、厳しい状況をつきやぶっていかねばならないと思います。

向後ますます進行する出生率の低下と児童・生徒・学生数の減少による影響は、国民教育制度の全階梯を覆うものとなってきます。しかし、子どもの急減期は、まさに一人ひとりの生徒の学力保障と健やかな成長を願う父母県民の要求を実現する好機でもあります。この点で、「公私格差の解消」「父母負担の軽減」「急減期特別助成」を主柱とするあなた方の私学助成の分野における運動と実践は、私たちの活動と軌を一にするものであり、私学の教育条件改善と子どものしあわせの実現に大きな力となるものです。

あなた方の意思と実践が状況をきり開いていかれることを確信し、大会の成功を心から願っています。

《一九九四年二月二〇日》

あいさつ

―平成八・九年度文部省指定 地域に開かれた幼稚園づくり推進委員会委員長として―

義務教育の就学率が一〇〇パーセントに迫るわが国の教育環境にあって、就学前教育の機会と場を提供する幼稚園には大きな期待が寄せられています。幼児期の子育てと教育にたいする親や国民の願いは、わが子や私たちの子どもたちが人生の初期にあって健やかに日々の生活をおくること、そして、その子どもたちに、その後に展開する人生航路に雄々しく繰り出していける心とからだの素地が養われていくことにあります。そのために家庭や幼稚園での手間ひまかけた子育てと教育が求められるとともに、個々の家庭や幼稚園を越えたつながり――家庭や幼稚園を包み込んだ地域全体での取り組み――がどうしても必要になってきます。

この度、津山市が文部省の「地域に開かれた幼稚園づくり推進事業」のモデル市町村の一つとして指定されたことは、すでに津山市においてさまざまな形で展開されている幼稚園と地域との結びつきの在り方を、願わしい幼児期の子育てと教育の観点から改めて考える上で得難い機会となりました。市教育委員会の委嘱を受けてつくられた推進委員会では、この文部省の事業の趣旨および津山市がモデル市町村として指定されたことの意義について検討と論議を行い、全委員の共通理解のもとに積極的に取り組んできました。この取り組みは先に推進委員会の活動の方向として確認した二点の申し合わせに沿うものでした。一つは、幼稚園と地域をつなぐ試みの実践としてすでに手がけられ相当の経験の蓄積があるものを協力園を中心として集約するということであり、もう一つは、その集約をふまえさらに一歩を踏み出した新たな試みを全市を視野において行う、というものでした。

幼稚園と地域をつなぐ試みの実践は、実際、すでに市内の各地域においてさまざまな内容と形式においてなされており、その状況は推進委員会に続々と報告されました。私たちはそこに幼児期の子育てと教育に対する幼稚園と地域の人々との共同の意志を認めて心安らぐ一方、この共同の意志が永続し、より強くなっていくことを願わざるを得ない状況もまた認めてもいます。親の就労形態の変化、少子化、家族構成や地域の住民構成の変化、地域の自然や社会組織の変化などは、幼児期の子育てと教育に対する地域の人々の共同の意志の在り方に大きく影響をもたらすことになるからです。子育てと教育の環境の変化を見通すこと。その見通しに立って、新しく子育てと教育への共同の意志をつくり出すこと。これには広い意味での啓発活動も必要になってくるでしょう。「子育てパンフレット」や「子育てマップ」の作成、そして「子育てフォーラム」の企画と開催などは、このような考えのもとに試みられたものでした。

幼稚園が子育てと教育の共同の意志をつくりあげていくセンターとなるための歩みは始まったばかりと言ってもよいでしょう。推進委員会の活動はその初発の契機に過ぎません。この報告書が津山市の地域に根差す幼稚園の明日を築く礎となることを願っています。

最後に、この取り組みに対し日々多忙な現場にあって快くかつ意欲的にご協力いただいた市内七幼稚園の園長はじめ教職員の方々、推進委員会の委員各位、また、県教委、市教委の皆さま方のご尽力に衷心よりお礼を申し上げます。

《『地域に開かれた幼稚園づくり推進市町村モデル事業実施報告書』／一九九八年三月》

緑の財産を核とした施策を

将来の津山を考えるとき、僕は何よりも、この盆地を取り巻く自然環境の保持を強く願っている。津山を訪れる人々は、この町を囲む山々の美しさに思わず息をのむ。これは初めて訪れる人たちだけでなく、たとえば県南の山好きの人々が、二時間、三時間かけてやって来たときにいつも感じる気持ちであるという。そうだろうな、と実感をもって僕も思う。意織はしないまでも、この津山に居て、四囲の山々を眺めて暮らしている人たちもこの豊かな緑のたたずまいに日々慰撫されていると思う。

ここ何十年かの間に、日本列島はずいぶん変わってしまった。自然海岸は極端に少なくなり、護岸工事の施された河川は自浄能力を失った。山には送電線が林立し、緑を切り裂いて宣伝看板が立つ――。経済活動の進展が僕たちの魂の拠り所である自然を追いやり、囲い込み、切り取ってきた。その報いは取りも直さず人間自身に降りかかってくる。心の痛みとして。僕も山が好きである。大きな鉄塔で踏みつけられた里山は、僕には、山の死を思わせる墓標のように見える。

津山の自然環境はそうではない。山は、生き生きとして、山である。この盆地の町を引き立たせているのは、この清々しい山々であると思う。日本の各地に、自然環境をめぐる痛ましい状況が拡がっているとき、ここ津山の緑は今の僕たちにとっても、僕たちを引き継いでゆく世代にとっても、なにものにも代え難い財産であると思う。だから、津山の将来を考えるとき、どのような施策がなされようとも、その施策は この財産を守り伝えようという意志を核としてなされるものでなくてはならない、と思う。

岡山県は、このほど環境保全施策の推進に向け、「きれいな環境の創造に関する条例」（仮称）を制定することにし、その中に「光害」の防止を盛り込むことを決めたといわれる。夜空の神秘をめぐって交わされる親子の会話が世代を越えて続けられることを願っている僕にとって、この県の施策は将来の津山を考えることと響き合うものであると思う。思いを形にする工房の職人の一人に加えてもらえたら嬉しく思う。

《「環境職人」への応募原稿（津山市環境基本計画策定への参画）／二〇〇一年六月》

原点に立ち返っての施策と運営を

児童福祉法は、一九四七（昭和二二）年一二月に公布され、翌四八年一月一日から施行されました。以来、時代と社会の変化に対応する中で幾多の改正を経ながら、ここに六〇年の「還暦」を迎えることとなりました。この節目の時にあたって、長きにわたり津山市の児童福祉と保育事業の中心的役割を担って来られた津山市保育協議会が、児童福祉法制定六〇周年を期して記念誌を発行されますことの多大なる意義を思い、そのご労苦とご努力に心より敬意を表します。

この六〇年の間に、児童福祉に関わる法規の整備が重ねられ、施策の充実が図られてきました。しかし、該協議会の児童福祉法制定四〇周年記念誌に寄せられた国本巌氏の指摘にもありますように、すでに二〇年前の時点において、ここ津山市を含めて今日大きな問題となってきている保育園を取り巻く状況――出生率の低下や国の負担率の後退と相俟っての経営上の危機など――が顕在し始めており、低成長経済の社会にあっての新しい児童福祉策が求められておりました。

それからの二〇年間、保育園を取り巻く環境の変化はさらに一層の目まぐるしさで推移し、これに対応する具体的な施策も試みられています。たとえば、少子化の昂進による定員割れと地域によって未解決のままの待機児童問題への対応、保育ニーズの多様化と保育園に要請されている子育て支援のセンター的機能、幼保一元化のさまざまな試みと認定こども園の登場、自治体の財政難と関わる公立園の民営化の潮流、園経営の基準の確保と保育の質を担保するための保育指針の告示化への動き、などに思いが至ります。しかしこれらの施策は未だ緒についたばかりの段階で、地域や条件によっては構想された施策そのものが未だ論議不十分と思われるものもあり、実効ある施策としての働きは今後に期待されているところです。

このような認識のもと、保育士を養成する立場に身を置く者として、次のように願うものです。それは、どのような施策であれ、子どもが「心身ともに健やかに生まれ、且つ、育成されるよう務めなければならない」という児童福祉法の理念に照らし、何が子どもにとって必要であるか、どのようにすることが子どもの幸せにつながるか、という原点に立ち帰って考えるということです。保育園の運営の中心軸もここに求められましょう。児童福祉法六〇年を機に、このことをあらためて強く願うものです。子どもの不思議さ、人間存在の不思議さに目を見開かされる場。子どもへの限りない愛情がそそがれる場。生活が生きる喜びと同在する場。大人へと成長する心の中心に「子ども心」が養われる場。子どもの生き行く未来を思い描く私たちが現在を見直す場。——原点に立ち返って考えるとき、保育園とはどのような場であるのかが、きっと見えて来るものでしょう。

ご発展をお祈りいたします。

《『保育のあゆみ』（児童福祉法制定六〇周年・津山市保育協議会発足五〇年記念誌）二〇〇八年三月》

読書案内

新入生のみなさんへ

新入生の皆さん、ようこそ本学へ！　皆さんは、これから二年間ないし四年間の学生生活を送ることになりますが、〝学生時代は「自分の時間」を持てる〟という意識において、これまでの生活との違いを期待していることでしょう。この小冊子は皆さんの「期待」の行き先が充実したものとなることを願って編まれました。

この冊子には、任意に寄稿していただいた二三人の教職員からの六九冊の本が載せられています。専門分野の異なる教員が、あるいは人生経験豊かな職員が、これから学問と人生に向かって踏み出す皆さんを念頭において、一冊一冊に心を込めて紹介しています。言葉の使い方や表現など、紹介の仕方はさまざまですが、それは紹介する人それぞれの人柄や紹介文を書く時の気持ちの在り方でもあり、さながら紹介される本の多様さに通じるものであると言えるでしょう。実際、ここに紹介する六九冊には、一つとして同じものはなく、あらためて書物の森の広さと奥深さが思われます。

収録にあたっては、「なるべく読みやすいものを、一人三冊程度」ということにしています。また、自然観や世界観のとらえ直し、あるいは人生や生き方について考えることをテーマとする専門書もたくさんあるのですが、ここではあえて〝一般的な読み物〟という色合いのものを推薦していただきました。こういった条件のもとでの編集ですが、実はこのことがとても意味あることに繋がっているのです。

一つは、皆さんがこの冊子に紹介されているどれか一冊に興味を持たれたら、きっとその著者が書いている他の本や、あるいはその本で知ったことをもっと良く知ろうとして全く別の著者の本も読みたくなるのではないかということです。

もう一つは、紹介しているのはすべて本学の教職員ですから、読後に、感激したり疑問に思ったことなどを紹介者に直接伝えたり問いかけたりできるということです。自分が紹介した本を読んだ者が話をしたいといって尋ねて来たら、一〇〇人中九九人以上、歓迎されると思います。顔の見える人が本を推薦することのもっとも大きな意義はこのことにあるのです。ぜひ、読んで、そして尋ねてください。より広い世界と豊かな人生への扉はここにあります。

――叩《たた》けよ、さらば開かれん！――

野星道夫 著『長い旅の途上』（文春文庫）

この本の著者は、一九九六年、カムチャッカで羆《ひぐま》に襲われて亡くなっている。その三年後に単行本として出されたものの文庫版が本書である。いまは故人となった著者が、アラスカを舞台として語る命と自然の交響詩――この地上にうまれ出る命と自然の悠久の交わりの描写――は、私たちの世界に向き合う姿勢に問いかけ、生きることの意味を内省させてくれるだろう。全編にみなぎる繋がり行く命への信頼と、時として命に過酷なまでの自然を描写する静謐《せいひつ》な筆致は、本書を手にする者の魂を撃ちつつも浄福感をもたらしてくれるだろう。そして、再び三度、たとえば次のような問いを「わたしの」問題として考えさせてくれるだろう。

私たちは学問という名のもとに、古代の墓を次々と暴いてゆく。が、その時、その場所に秘められた古代の人々の祈りはどうなるのか。謎を解き明かすということは、それほど大切なことなのか。（本書より）

上田紀行 著『生きる意味』（岩波新書）

数値目標、成果主義、市場原理――いまや私たちの生活の全面が経済効率追求の論理で被われている。教育や福祉や医療など、本来、数値目標や成果主義や市場原理などになじまないとされている分野においてさえ、そうである。国の政策でも規制緩和、民間開放推進が唱えられ、「小さい政府」を旗印として、この方向を推し進めている。このような状況にあって決定的になって来つつあるのが社会における「信頼」の喪失であり、人々の「生きる意味」の見失いである。本書は、このような問題把握に立ち、私たちの存在の「かけがえのなさ」をキーワードとして「数字信仰」から「人生の質」への転換を呼びかけ、その実現への努力の具体例を紹介する。私たちが、数字信仰の呪縛を解かれ、生きる意味（生き甲斐）を見いだし創り出していく上で、その前提を確認し、方向を見定めるにあたっての血の通った息づかいの聞こえる指南書であると思う。

太田 光／中沢新一 著『憲法九条を世界遺産に』（集英社新書）

ご存じ「爆笑問題」の「おおたひかり」が著者の一人である。ナント奇抜な発想を！と受け止めた向きも多いのではないかと思われるが、なかなかどうして重厚深遠な思想が幾重にも張り巡らされて、読了したあかつきには、ふ～っと、深い満足感のうちにこの書物をささげ持っているのではなかろうか。宮沢賢治の政治活動と童話の創作活動の関係を解きほぐす試みを切り口とし、次第に「矛盾的存在」としての憲法を、それが矛盾的存在であるがゆえに世界遺産になり得るとする論の進め方は、逆説、逆説の連続で、「爆笑問題」の舞台さながらの感がある。しかし内容は、かさねて、重厚深遠である。「タレント・おおたひかり」の商標の意識で向かうと面喰らうかも知れない。が、何かと小さく自分自身の中に閉塞してしまいがちな時代にあって、等身大の関係を超えたものへのリアリティを追い求める著者たちの姿勢に、心洗われる思いと勇気を貰えるだろう。対談形式で編まれ、随所に笑いが仕組まれている読みやすい本である。

《『新入生に薦める本』(美作大学・美作大学短期大学部基礎教育委員会)二〇〇七年四月》

名作・読書案内

ロマン・ロラン著『愛と死の戯れ』(岩波文庫)

理性と愛が、不条理に対してその全存在をかけてあらがいながらも、ついにあらがい切れずに追いつめられていく。フランス革命期の舞台にあって、理性と愛の悠久が私を身ぶるいさせた。

ショーロホフ著『静かなドン』(河出書房〈世界文学全集二四、二五〉)

ロシアの革命と反革命の時代、ドン・コサックの生きざまが描かれる。とうとうたる歴史の本流の中で「私たちの」善意、「私たちの」希望、「私たちの」愛…が、ついにはクリオ(歴史の女神)の前にひざまずく。しかし、なお、グリゴーリーやアクシーニャの雑草のようなしたたかな生が私を呼び寄せる。

真木悠介著『気流の鳴る音』(筑摩書房)

私の「意志」の仕方、「知」の理解、「世界」認識を最も深いところで撃った本。文明化とは、人間にとって何であるのか。私たちは、原生的人類のもっていた「異世界」を視る力を、こうも失ってしまったのか。合理化された日常柱を疑うことから、私たち自身の解放の努力がはじまる。

ジャン・カルー文　やまぐちふさこ訳
レオ・ディロン＆ダイアン・ディロン絵『三つめのおくりもの』（ほるぷ出版）

アフリカを誰が「未開」「暗黒大陸」と呼んだのか。私の飼いならされた観念を打ちくだいてしまった本。私もまた、この絵本を呼んだ子どもたちのあとをおっかけて、「心はアフリカへとんでいく」

《森尚也 編『名作・読書案内』／一九八八年四月》

教師の本棚

新井満・対談集『足し算の時代 引き算の思想』（ＰＨＰ研究所）

読み返してみようという気持ちになる本には、一過性の面白さや満足感を越えた魅力があるものである。それは意織が何者（物）かに囚われている状況に繰り返し直面したとき、そこで感じる飢餓感をその都度埋め返してくれるものである。大海の小船にとっての海図と羅針盤になぞらえられようか。

この本がまさにそうである。辻井喬氏との対談のなかで、新井氏は「情報が頭のなかでどんどん足し算されていきますと、いくら引き出しがあっても限度がありますね。詰め込みすぎると爆発するし、爆発しないと鬱積して病気になる」と今日の事態を描写し、「忙しすぎて殺されてしまうような足し算の世界にいるときに、僕は無意識的に自分で引き算をすることによって頭のなかに空虚を生み出し、かろうじてバランスをとろうとしたのかもしれない」という。何をもって「引き算」とするかがまた面白い。ご一読をお奨めしたい。

《『教育』／一九九六年六月》

附録・対談

《対談／FMくらしき》

「笑顔でおしゃべり」（小野須磨子氏との対談）

小野　今日、笑顔でお話ししていただける方です。津山市からお越しいただきました美作大学短期大学部教授でいらっしゃる松岡信義先生です。こんにちは。ようこそお越しくださいました。

松岡　こんにちは。

小野　津山からずっと、あのぉ、来て下さいとお願いしている者がこんな言い方はおかしいんですが、ドライブのようなもので（笑）…、紅葉がどうだったのかと（笑）…お呼び立てしてて、そんなようなセリフはないだろう、と先生お思いかも知れないですけど、いまシーズンがいいものですから…、どんな感じでした？　紅葉は。

松岡　ええ、余裕をもって来ようと思っていたんですけれども、ちょっと出るのが遅くなったものですから、「高速」で来たんですね。

小野　あっ、では津山から中国道を？

松岡　ええ、中国道を、それから岡山道を通って…。そしたら中国道もそうですけれども、岡山道に入りましてね、吉備高原の紅葉が色づき始めたところなので、ま、これからだなぁという感じをもちました。そして倉敷市内に入ったらアメリカ楓《ふう》が、結構きれいに色が出ているなぁと思いましたね。

小野　ああ、そうですか。どうしてもまあ、紅葉の具合が目に入ってきますよね。でも、今日お越しいただいてお話をうかがうことの中心は、『山と出会う』（吉備人出版）っていう本をお出しになったということについてなんですけれども、先生は元々は島根県の隠岐の島？

松岡　はい。隠岐の生まれです。

小野　いいところで〝おぎゃあ〟と誕生になってらっしゃるんですね（笑）。山、ではない、海ですよね。私たちのイメージから言うと。

松岡　えっとね、隠岐は、皆さんおっしゃるには、小《ちい》ちゃな島でね、たとえば大波が来たら、その波が引いた時には無くなっているんじゃないか（笑）とかね、あるいは、スキーでジャンプしたらそのまま海に飛び込むんじゃないか（笑）とか言うんですけど、結構広いんですよ。

小野　そんなことおっしゃる方、いらっしゃるんですか。

松岡　ええ、結構いましてね（笑）。広さは日本全土の一〇〇〇分の一です。一〇〇〇分の一というのが大きいのか小《ち》っちゃいのかは問題ですけど。私が住んでいた島が直径二〇キロ（メートル）あるんです。

小野　はい。

松岡　その直径二〇キロ（メートル）ある島の、昔の行政単位でいうと、海の無い村だったんです。

小野　は〜あ。ということは、海岸線ではなくて、山に…。

松岡　ええ、山になるんです。（小野　あ〜、そうですか。）だから、私は島育ちですけども、小学校の四年ぐらいまでは、ほとんど山だけで過ごしてるんですよ。山の子なんです。

小野　そうですか。それはイメージがね…。ザブーンと大きな波が来たらそうなんだろうっていうような、決してそんなイメージはもってないですけど、〝山育ち〟っていうイメージではないですもんね。やっぱり、どうしても…。

松岡　山、ありますよ。いちばん高いのは六〇〇（メートル）ちょっとですけどね。（小野　あ〜、そうですかぁ。）五〇〇メートルの山はたくさんありますし…。

小野　ほおう。じゃ、自然と山っていうものに親しむってのは、小っちゃいときに培われたものなんですか、先生ご自身は。
松岡　そうですね。生まれたときは山ん中ですしね。それから海からすぐ山が出てますからね。ですから、島育ちと言っても、そんなふうなんですよ。もっとも小学校五年くらいからは自転車でね、半径一〇キロの島のどこへ行くかは決まってないけど、どっかの海で泳いでるっていう結構危ないことをやってたんです。まあ、時代が時代ですけどもね。
小野　まあ、そうですねえ。団塊の世代になるんですか？
松岡　団塊の世代っていうのは、ふつう、三年間をいいますよね。昭和二二年から…（小野　二二《ニィーニ》、二三《ニィーサン》、二四《ニィーシ》…）…二四年。私は二五年ですから。昭和で言えば。ですから、一年ズレてる（笑）。そんな状況ですよね。
小野　ほぼひと括《くく》りですよね。
松岡　団塊の端っこにくっついてる世代です。（笑）
小野　あぁ、そうですか。だから、その頃の少年時代ですから、結構心配はしながら、でも自由に、遊びにはいろいろ行かせてもらえてたような時代ではありますね。
松岡　そうですね。ほんとに、もう…　親がいちいち子どもを見ていない時代ですからね。まぁ、どこでもそうだったと思うんですが（笑）。
小野　隣近所のおばちゃんたちが見てますから、そのぶん。危なかったら、「危ない」って、こういうふうに注意をしてくれる時代でしたから。そういうところでお育ちになって、それから大人になって、異様に山のことが気になる、と申しましょうか、山に登ってみたいとか、山に関心が出てきたのはいつ頃からですか。
松岡　あの、私、大学は松江なんですね。（小野　はい。）一年生の時に大山《だいせん》に登ったんです。先輩たちが連れて行ってくれましてね。（小野　ええ。）その時に大山の稜線を――当時は縦走が、まだ一般の人でもできましたから。今はもう大変ですけれども――縦走したんですけど、その時、島の山とは全然ちがう空気なんですよね（笑）。解放感。あの時に本当に、山っていいなあと思ったんです。島にいた時には六〇〇メートルの山が最高ですから。

小野　ちょっと問題になりませんわね、高さ的に言っても。

松岡　ええ、そういったことが、やっぱり…。その時に山の気に触れて、山気《やまけ》づいたというか山気《さんけ》づいたというかね（笑）。

小野　はあ～。では、大学時代に「これは、山はたまらんわぁ」って思って、で、それでもう学生時代からずっと山登りっていうのが続いたんですか。

松岡　いや、大学にもワンゲルの部があったんですけれども、入りはしなかったんです。ただ、まぁ個人的に、それこそ大山ですよね、大山に何回か登って…。それから、その当時、――山はいいなあって思ってますから――、山の本がありましてね、『山と仲間』という雑誌でしたけれども、それを自分で読んでたんです。

小野　だいたい、じゃあ、山好きな方が読むような本ですか。

松岡　そうですね。でも、山にそんなに行かない者でも楽しめる本だったんです。だから、一種の憧れをもって読んでたんです。で、大学院で東京へ出ましてね、その時に地域の山岳会に、その『山と仲間』を出してる系列の仲間といいますかね、そういった山岳会に入って、それからですね。

小野　では、それにお入りになった時には心躍ったでしょうねえ。いつもは、こう、松江のあたりで学生の時にはそれを読んでたわけですから。

松岡　そうですね。紹介されてる人の記事なんかもあったりしてましたからね。
小野　その人物もいらっしゃるわけですから。
松岡　ええ、そういったこともありましたからね。
小野　ははぁ～。じゃ、そこからもう本格的に…。
松岡　本格的にというか、まあ、山岳会に身を置いて、いろんなことをやって来ましたね。二五の時ですから。山岳会に入ったのが。ですから、もう二八年ぐらいですね。
小野　ああ、そうですか。山登りの筋金入りですよね。でも先生ね、あの、怖《こわ》いとかってのはどうなんですか。われわれ登らない者とかって、よく、そんな山登りっていうのは、なんかやっぱり危険な面があるんじゃないかとか、怖いんじゃないかとか、すぐそういうようなことを思う者も多いと思うんですよね。それはどうだったんですか、実際に。その、好きで登ってらっしゃるんだけれども。
松岡　ま、怖いこともありますよね。でもまあ、普通の場合には一応予想をたてて行きますからね。予想しないことに出くわす時、そういった慄《おそ》れがあるときには怖いですよね。たとえば岩登りなんかも楽しみ始めてね、…攀《のぼ》るわけですけど、自分の力ではとてもじゃないがかないそうもない岩場に行きますよね。そういった時は、やっぱり怖いですね。おののきますよね。
小野　それでもやっぱり、登り続ける…。
松岡　う～ん、あんまり飛び離れたグレードのところには行きませんから…。…少しずつ伸ばして行く、という感じでやりますから。怖さをもちながらも攀りきった時が、また何とも言えない気持ちですよね。
小野　はぁ～。それで、ま、こうしてずーっと経緯をうかがってるんですけれど、その東京の山岳会でのことから、今度はこちらの美作大学の方へと、津山にいらっしゃって、そこでもずっと山を続けてらっしゃると思うんですけれども、東京からこっちへ先生としてお帰りになったのは、郷里へ近い方へという思いでこちらにお帰りになってらっしゃったんですか。

松岡　いやぁ、単純でしてね。職がなかったですからね。大学院を出ても教員になれなかった時代がずっとありましたんでね（笑）。で、たまたま美作女子大学――当時は「女子」が入ってました――の短大部の方にそういった口があるということで、ま、拾われて来たわけです（笑）。で、津山に来て、山登りの会があるかなあと思ってたんですが、無いみたいでしたので、何人かに声をかけてつくったのが、今の会なんです。

小野　そうですか。その会をおつくりになってからも、もうだいぶんになりますでしょ？

松岡　えっとね、一九年が終わりましたから…。

小野　二〇年目に入ったんですねえ。（松岡　二〇年目に入りましたね。）仲間って、やっぱりいらっしゃるもんですねえ、そこ、そこで。

松岡　ええ、やっぱりそういった機会があれば、やろうという連中はたくさんいますからね。たまたま、そういった…。

小野　誰かから声かけがあって、時機があれば、っていうんで…。で、もうそこからは、どちらの山に行くことが主《おも》だったんですか。お仕事をしながらでしょ、皆さん。

松岡　そうです、皆そうです。働いてますからね。いちばん…というか比較的近くってのは、やっぱり大山ですね。大山はいろんな楽しみ方ができます。さっきスタッフの方ともお話ししてたんですけども、本当にいろんなルートがありますから。岩登りもできますし、子どもを連れてのハイキングもできますしね。いろんなことができますからね。やっぱり大山がいちばん多いですね。それから、やっぱり美作地域の那岐山《なぎさん》とか、あるいは蒜山《ひるぜん》とかですね、そういった山。いい山がたくさんありますのでね、そういったところに行きます。それから、会ができましてから信州の山にどんどん行くようになりましたね。たとえばワンボックス・カーで五人くらい乗って行きますと、非常に手軽に安く行けるんです。だいたい二時間くらいで運転を交代して行きますからね。すると自分の当番が終わったら、あとは寝ていればいいわけですから（笑）。そんなふうにして行って、山で三泊くらいテントで泊まるとするでしょ。そうすると、山で三泊して帰ってきても、せいぜい一人あたり一万五、六〇〇〇円で済むと。一人で山小屋泊まりで行ったりすれば、いま、七、八万円かかりますからね。そんなのに比べたら、ずっと割安ですよね。

小野　やっぱりお仲間がいるっていうのは、何につけてもいいっていうことですよね。私、日曜日に、大山の麓のあたりと言いましょうか、桝水《ますみず》高原のところからちょっとだけリフトに乗りましたら、少～し頂上に近づくかな、っていうようなところに行って来たんですけれども、やっぱり大山っていうあの山は、もういつ見ても、いつのシーズンに見ても私たちは見上げるだけなんですけれども、先生はその頂上までお登りになるわけですけれども、あそこに立った時の気持ちっていうのは、何回登っても、学生時代の時にお登りになった時と同じような気持ちになりますか。

松岡　そうですね。私がいちばん最初に大山を見たのは島にいた時なんです。七〇キロ離れてますけどね、隠岐は。ちょうど西郷という港の、湾から、（左右が限られた向こうの）水平線の彼方に三角のかたちをしたものが見えたんです。そしたら、友だちが「大山だ、大山だ」と言うんですよね。小学校五年くらいじゃなかったかと思うんです。私はそれまで本土の土を踏んだことがありませんから（笑）。本土というのは点景ですよね。要するに、あの、「点」になって見えますから。「点景としての本土」という感じですね。そういうように憧れた時がありますからね。ですから、大山の頂上から隠岐を見ると、逆に、自分が小学校五年だった時に島から大山を眺めている自分が思い浮かぶんですよ。そういう思いがいつでもしますね。

小野　あ〜、そうですか。じゃ、お天気がよかったらくっきりと見えるわけなんですか。

松岡　くっきりというか、あの…（小野　ま、かなりの距離ですから…。）私の記憶がどうだったかということもあるんですが、ま、地球は円いですよね。だから山の上《うえ》半分が見えた感じがするんです。

小野　ほぉ〜。

松岡　大山の頂上から見る場合には、そんなふうには見えませんよ、島は。ちゃんと全景が遠くに見えるんですけどね。でも、私が子どもの時に島の港から見た大山は、確かに上半分だけが見えたように思ってます。そういうイメージがずーっとありますからね。（小野　あ〜、そうですかぁ。）そういう意味では、大山は私にとっては本当に特別な山ですね。

小野　もう、何回登っても…っていう感じなんですねぇ。さて、先生ね、この『山と出会う』っていう本を、お忙しいなかでお書きになったっていうのは、これはまたどんな思いから…。

松岡　これはですね…。これ、一九年分のエッセイなんです。

小野　ということは、美作大学の先生として津山にいらっしゃってから、みまさか山の会をお作りになってから、ですか。

松岡　ええ、ま、昔の山岳会にいた時もちょこちょこは書いてたんですけど、今回まとめようと思ったものは全部、津山での生活のなかで書いてきたものですね。一九年分のものをある時つらつらと眺めていて、まとめてみようかな、という気持ちになって…。それまでは山の本を書こうなんて、まったく思ったことはなかったんですけどね。

小野　ご自分では登ってらっしゃったんだけれども、本にするというのは思ってなかって…。

松岡　ええ。

小野　それが…ま、『山と出会う』のところ（副題の一部）に「美作から」っていうふうに書かれてもいるんですけど、これだけのものをお書きになるっていうのは…。今まであたためてきたものをワッと出そうと思ったのは、やっぱり何かひと押しあったとか、何かのキッカケとかというのが——一九年の思いを書かれるというのは、なかなか——あるんじゃないかなと思うんですけど。

松岡　う〜ん、口幅ったいんですけどね。まぁ、ちょっといろんなことを考えて…。

小野　いや、もう、おっしゃってください。

松岡　一つはね、もう九年くらい前になりますけど、たまたま私が肺炎で入院したんです。（小野　はい。）私は肺炎だとばかり思ってたんです。（小野　はい。）肺炎というのは、よく学生が罹《かか》るんですよね。一週間か十日、せいぜい二週間ほどで退院するんです。あぁ、いい骨休めだなあ、ということで入院したんです。ところが実際には、最初に私を診てくれた友人の医者が——ま、彼は本当にステキなお医者さんなんですけども——言ってたらしいんです。「この急激な胸水《みず》の溜まりようからすると、癌の可能性がある」と。で、癌の疑いがあるということで私の妻を陰に呼んで、「覚悟はしておけ」というようなことを言ってたらしいんです。ところが私は能天気に（笑）、骨休めだ、肺炎だ、ということでね、入院したんです。

小野　ちょっとゆっくりしようと…。

松岡　ところがその友人の医者が、そういった疑いがあるからっていうことで、彼の友だちが勤めている病院を薦めてくれたんです。私はそこに入院したわけですけど、主治医が初めて私のところに来たときに「癌ではありません」と言うんです。そりゃあ当たり前だ、俺は肺炎なんだから（笑）って思ってたんですよ。ところが、裏では友人の医者同士で「こいつは癌みたいだからよろしく頼む」（笑）てなことを言ってたようなんですよね（笑）。そういうことがありましてね。結局、三カ月入院することになったんです。肋膜《ろくまく》ですよ、（小野　あぁ。）

昔で言えば。今は胸膜炎と言いますけども。そういうことがありまして、その時に思いましたね。やぁ、結構…簡単に逝っちゃうんだなぁ、って。そんなふうに思って、それがいちばん遠い原因ですかね。（小野　ははぁ。）その時に、自分は何やってきたのかなぁということを思った時に、今まで、ま、山に限らずちょこちょこ何か書いてますよね、そういったメモのようなものを並べてみまして…。そういうのが、ひとつ大きな契機になってますね。それともう一つは、山の仲間が、全員が山で、っていうわけではないんですけど、何人か亡くなったんですよね。

小野　はぁ〜、お仲間が。

松岡　ええ。その中には東京にいた時の仲間とか、美作に来てからの仲間とか、それこそザイル（岩登りのロープ）で結びあってた仲間が死んじゃったんです。ショックなことが重なったんです。だから鎮魂というか、そういう意味もあります。

小野　はぁ〜。やっぱりお辛い目に遇《あ》ってらっしゃいますねぇ。それだけ、二〇年近い…二〇年以上ですよね、東京（時代）を入れると。

松岡　そうですね、二八年ぐらいですね。

小野　そういうようなことがあって、じゃぁ、書こうと思って書かれて…。ところで、山を愛してる方だけでなくって、一般の人たちにも読んでいただくと、何かきっと心打つものってあると思うんです。私、読ませていただいた時にね、山好きな方だけが読むっていうんじゃなくって、ありとあらゆる人に読んでいただきたいような書き方になってるなと思いましたが。

松岡　ええ。不十分ですけれどね…。もともと、私は山の仲間が、ああ、あいつはこんなことを考えていたんかということをわかってもらえればいいということで書きましたんでね、一般の人に広くという気持ちは、本当に、初めはまったくなかったんです。ですから、山の用語が出てきますけど、いちいち解説もしてませんし、とにかく、まあ、感じてもらえる人がいればその人にまず受け取ってもらいたいな、ということだったんです。それと、やっぱり自分自身の一つの区切りという形で書きました。ただ、出す以上は、自費出版にせよ、たくさんの人に読んでもらった方がいいだろうということではありますが、最初はこういうタイトルじゃなかったんです。（小野　あぁ、そうですか。）いちばん最後の章といいますか、「新雪の峰へ」としてますけども、あれを表面に出してたんです。でも、それではちょっと…ということもありましたし、それから、「美作」ということばをどっかへ入れた方がいいんじゃないのかな、ということで、まあ、どうするかということでね、こんなふうに入れたんですけど。

小野　はぁ、なるほどねえ。うかがえばうかがうほど、ああ、そうかそうかと頷きなんですけれども、でもいまバックに水の音とか鳥の鳴き声とか（聞こえるんですが）、やっぱり山に登ってらっしゃるとか歩いてらっしゃる時に、本当にこう自然のなかですよね。いま環境（問題）とかがものすごく言われ続けてますけれども、先生はそういうふうなところを歩いたり登ったりしてる時には、環境問題なんかどんなふうに…ふと思われるってことありますか。

松岡　山に登ってる仲間は皆そうですけれども、大げさにね、声を荒げて叫ぶようなことは皆しませんけども、やっぱり、自分たちが歩いてる山はいつまでも自分たちを受け容れてくれる静かな山で、美しくあって欲しいわけですから、それは皆感じています。で、まあ、具体的な行動としては、私たちの仲間は、年に一回ということが多いんですけど、山岳会で山のゴミを拾って下りるということをやってるんです。これはもう三〇年ほど前から日本勤労者山岳連盟というところが運動としてやってましてね。それに私たちも参加してやってるということですけどね。具体的な行動というのはそういった形でやるわけですけれども、自分たちの持ち場で、できるところで、環境保全の問題については意識もするし、心痛めているんですね、皆。

小野　う〜ん、なるほどねえ。ベテランであればあるほど、そういうことにね、心痛めてらっしゃるなあ、っていうのか。もうただ俄《にわか》に今、ってなった人たちっていうのは、そこまでの余裕までもないっていうのはあるんじゃないかなぁと思うんですけれども。そういうふうにまで見渡せるというのはね。で、そういったなかで、ちょうど先生は学生さんの前に立って指導してらっしゃる立場ですから、きっとそれに結びつけて、その、よく今「心の教育だ、心の教育だ」と言われますよね、それは、先生はどう感じてらっしゃいますか。もう「今、心の教育の時代だ」とか、もう「心を失ってるから」とかって言われますわね。

松岡　あの、〝心の教育〟ってね、なんか中央の方からそういった方針で行きましょうって来ると、皆がそれになだれ、をうった形でね、一部の教育学者もそうですけれども、それから教育に携わる人もそうですけれども、どうも私にとっては「ちょっと待てよ」という感じはありますね。いつも思ってますけど、やっぱり、心の教育って、本当に教え込んでできるのかな、っていう非常に大きな疑問をもってるんです。

小野　私はできないと思います（笑）。口幅ったいようですけど。

松岡　ええ、だから知識としてのあれじゃなくてね…。

小野　机上のことだけでね、心の教育っていうのは、なかなかできないんじゃないかなと思うんです。ちょっと先生にお尋ねするんですけど。

松岡　私もその点については商売柄すごく気にしてましてね。やっぱり、教え込むというよりも、本当に、感じる方が多いと思うんです。そっちの方が大事じゃないかなと思うんです。どうも、いま見てると変な風潮があって、とにかく自分をアピールすることが先に立ちますよね。自分の主張することに急であって、ゆっくり聞くっていうね、そういったことが、どうもこう、ないがしろにされているし、萎《な》えているんじゃないかなぁ、という感じがしますね。

小野　もう、言葉が優先されてるっていうような感じはね、受けます。なんか、そういう…。

松岡　そうですね、言葉っていうか、主張が先に立って、アピールした方が勝ちだというようなね、そういうのがどうもね…。どっから来たんでしょうね、これは。そういうのは、私は非常に気にしてますね。

小野　ははぁ〜。ということは、先生の教育の方針とすれば、たとえばそういうようなものっていうのは、実際に、それこそ先生がお書きになっているように山に、ま、登る登らないは別としても、そういうふうに自然に触れてみて自分が感じる、と。きっとそういうふうに…。

松岡　そうですね。たまたま私は山が好きですから山に登るわけですけれど、山に入って行くといろんなものに耳を傾けるようになりますよね。それこそ、音のしない所にたいしても、やっぱり耳を傾けるんですよね。そういうのは、やっぱり大事じゃないかなぁと。まあ、私の感覚としていえばね、たくさんのいろんなものに対して敏感になるというか、そういうのが、——ちょっと口幅ったいですけど——、そういう感じはしますよね。

小野　いえいえ、もう、説得力がありますよ。いつもそういうふうな現場に立ってらっしゃるし、登ってらっしゃるし。時おり私なんかでも自然のなかに立つと、やっぱり、こういうバックに流れてるような鳥の声を聞きながら、先生がさっきおっしゃったように、私が私がっていう、そういう主張じゃなくって、なんかゆっくりとしますわね、気持ちがね。やっぱり、そこでいろんなことを考えて、ちょっと自分が抑えるところは抑えると。これは静かに耳を傾けるところは傾けるっていう、そういうものが養われてくるかなぁと。いやもう、ちょっとぐらいだったら錯覚かも知れませんけれども、でもそれを重ねているうちにそうなるかなぁという思いのこって、ありますよね。

松岡　ええ、そうですね。そうなればいいなぁと私は思ってるんですけど。ただ、これもまた〝聞く耳を持たんといかんのだ〟というような形でやるとね、またおかしなことになるんでね（笑）。もどかしいところがあるんですけどもね。

小野　う〜ん、そうですか。

松岡　ただ、まあ山に行けば、本当に誰もが言うんですけども、「不思議だね」って言うんですよね。まったく初めて会った人同士でも声をかけ合うでしょ。（小野　ええ、かけてきますよねえ。）こんにちは、って言うわけでしょ。ああいったの、都会ではありませんからね。街中《まちなか》で知らない人に声かけるのって、ありませんからね。

小野　もう、じっと振り向いて見られるだけですからね。

松岡　ええ、だからああいうのは、やっぱり、自分たちのほかにもっと大きな背景があってね、そこで自分たちを緩《ゆる》やかにしてくれる、解放してくれるっていうのがあるんでしょうね。だから、あれは本当に不思議な現象ですよね。どこへ行っても…。

小野　で、私ね、先生のね、ちょっと話ちがうかもしれないですけど、思い立ったらピューッと、思い立ったら火の中っていうような（笑）、そういう行動をなさる事件がありましたでしょ。あれ、牛を追って行ったんですか、台風の時に。ちょっと話はちがいますけれども、これが、なんかものすごい心意気をもってらっしゃって…。あと一分ほどの話になりましたけれども（笑）。あれは台風の時ですか。

松岡　あれはもう五年になりますけどね。平成でいえば一〇年、平成一〇年一〇月の台風一〇号ですよね。あれで津山市が…。（小野　大変なときがありましたね。）ええ。あのとき牛が吉井川に流されて、そして九〇キロ（メートル）離れた瀬戸内海の小島に漂着したと。そういうことがありましたね。

小野　なんか、カヤックで追っかけたんですって？

松岡　あ、あれは、あの…（笑）海上二〇キロ（メートル）に対して川の方が長いですから、どんなところを流されたのか確かめるために、去年の五月の連休にですけどね。
小野　行ってみたんですねえ。
松岡　友だちにカヤックを借りて、まあ、一人で行って来たんです。
小野　う〜ん、何か果敢にやっぱり挑まれるなぁと思ったんですけれどもね。
松岡　いやぁ、あれは…（笑）。
小野　これからも、どうぞよろしくお願いいたします。
松岡　どうも、ありがとうございます。
小野　いい本が出ました。『山と出会う』っていう本をお書きになった美作大学短期大学部の教授でいらっしゃる松岡信義先生でした。ありがとうございました。
松岡　ありがとうございました。

《FMくらしき（倉敷市）にて／二〇〇三年一〇月三〇日》

あとがき

本書を読んで下さった方には、折々に独立して書かれたり語られたりしたものを一つのテーマに絞り込むには、いささか便宜的で無理があると思われたかもしれない。しかし、私自身は、これまでに考えたこと、語ったこと、書いてきたことをこういう形で並べてみて、あらためて気付いたことがある。それは、書いたり語ったりする時と場合はちがっても、また、表現の仕方に多少の差異はあるにしても、私個人の胸の内にある思いは、大筋では同じであり続けているんだということの確認である。

書いたり語ったりしてきたことをまとめて出版しようと思い立ったのは、この、私個人の胸の内にある思いを、自分自身で確認するとともに、もしやそれは私の独りよがりに過ぎないということはないのか、と他に問うてみたいと考えたからである。いくぶん臆する気持ちを抱きながらの出版準備であったが、その準備過程の終盤にあって励ましとなったのは、「レジリエンス（resilience）」という言葉に出会ったことである。

レジリエンスとは、辞書的には、弾力、弾性、可塑性、回復力ということだが、「困難な状況にもかかわらず、うまく適応できる力」といった意味で用いられ、学習活動における心理学的特性を反映する尺度として研究されているようである。私がこの言葉に出会ったのは昨年（二〇一〇年）五月に開催された日本保育学会第六三回大会でのシンポジウム（保育政策研究・研修企画委員会企画シンポジウム）の席上、秋田喜代美氏によって紹介されたイギリスにおける研究からの次の報告である。

保育の場でResilienceを育てることで、いかに学ぶかを学ぶ。ハンディ等をもった子どもが低質の保育で育った場合、中あるいはそれより良質の小学校教育を入学後に受けたとしても、十一歳児時点でも改善されない。それはレジリエンスを獲得し学び方を学んでいないために、効果的な小学校での学習機会を自分で手に入れることができないからである。

（シンポジウム会場で配布のハンドアウト資料から）

これは、幼少期に適正な保育を受けていないと、小学校入学以降に良質な教育の機会が与えられても思わしい成果は上げられない、ということである。幼少期に育てられるべき柔軟性・可塑性が育っていないからである。

レジリエンスが本書出版への励ましになったというのは、この言葉が、私が本書の「はじめに」で用いた「心の耕され方」と相通じるものだからである。「いかに学ぶか」を学ばないできてしまったということは、レジリエンスを獲得し損なってきたということであり、それは、蒔かれた種がまっとうに育つに相応しいほどに心が耕されてきていないということに読み替え得ると思うからである。

縁あって保育者養成教育の一端に携わるようになって四半世紀を閲《けみ》したが、人の一生における幼少期の育ち方の決定的ともいうべき重要性を、年を経るごとにますます強く感じている。

本書に収録したもののうち「ロミラの里で考えたこと―ネパールたずね歩き―」は、拙著『山と出会う』（吉備人出版、二〇〇三年）の中の一編であるが、内容的に本書のテーマとの関わりで該拙著との環をなすものと考え、あえてここに転載した。また、附録・対談の「笑顔でおしゃべり」は、対談者の小野須磨子氏の許諾を得て、放送録音されたものを書き起こしたものである。

このたび、折りに触れさまざまな機会に書いたり語ったりしてきたことを一冊にまとめるに当たり、大学教育出版編集部の安田愛氏に貴重かつ懇切なアドバイスをいただいた。著者自らはアンサンブルと称してはみたものの、いかにも不揃いな稿文がいくらかでも読み得るものになっているとすれば、それは安田氏のお骨折りに負うところが大きく、心からお礼を申し上げる。

二〇一一年六月一五日

松岡信義

■著者紹介

松岡　信義　（まつおか　のぶよし）

1950年　島根県隠岐島生まれ。
隠岐高等学校卒業後、島根大学教育学部および
東京大学大学院教育学研究科にて学び研究する。
1984年　美作学園に勤務。現在に至る。
現住所 岡山県津山市小原 153-4

幼少期の育ちと大学教育
—感じる力が扉をひらく—

2011年7月15日　初版第1刷発行

■著　　者——松岡信義
■発 行 者——佐藤　守
■発 行 所——株式会社 **大学教育出版**
〒700-0953　岡山市南区西市 855-4
電話（086）244-1268　FAX（086）246-0294
■印刷製本——サンコー印刷 ㈱

© Nobuyoshi Matsuoka 2011, Printed in Japan
検印省略　　落丁・乱丁本はお取り替えいたします。
無断で本書の一部または全部を複写・複製することは禁じられています。

ISBN978－4－86429－073－9